Roberto da Silva Rocha,

professor universitário e cientista político

O Valor da Democracia

Este ensaio não foi produzido com a intensão de explorar o tema proposto, é apenas uma viagem pela conceituação acadêmica sobre o sentido do termo democracia, sem a preocupação de buscar um nexo exegético dos três autores indicados, ao contrário, tentei experimentar combinações ousadas dentro de um pretexto, concernente às concepções consagradas na literatura, que serve apenas de fundo para este exercício insipiente, limitado menos pelos meus poucos recursos intelectuais do que pelo meu entusiasmo.

Introdução

Dentro da concepção moderna de formas de governo na História política as duas formas de Estado moderno, segundo Maquiavel, se dividem ou se denominam ou monarquia ou república; em vista disso, a democracia se afina melhor com a república, por isto é que os governos populares são chamados repúblicas ao invés de serem chamados democracias.

Na sua obra intitulada "República" o filósofo Arístocles, apelidado Platão, diz da democracia `Nasce quando os pobres, após haverem conquistado a vitória, matam alguns adversários, mandam outros para o exílio e dividem com os remanescentes, em condições paritárias, o governo e os cargos públicos, sendo estes determinados, na maioria das vezes, pelo sorteio...,` que, segundo Platão,

`...A democracia é considerada a menos boa das formas boas, e a menos má das formas más de governo...',

> ...Sob todo aspecto é fraca e não traz nem muito benefício nem muito dano, se a compararmos com outras formas, porque nela estão pulverizados os poderes em pequenas frações, entre muitos. Por isso, de todas as formas legais esta é a mais infeliz, enquanto que, entre todas as formas que são contra a lei é a melhor. Se todas forem desenfreadas é a democracia que há mais vantagens para viver; por outro lado, se todas forem bem organizadas, é nela que há menor vantagem para se viver.

O Tema Para distinguir melhor a república da democracia, Maquiavel lembra que podem existir tanto repúblicas democráticas como podem existir repúblicas aristocráticas e mistas (como a república romana, para ele, um exemplo perfeito), pois a característica principal de uma república que a

distingue da monarquia é que na república o governo
não está concentrado nas mãos de um só soberano,
como na monarquia, mas, é dividido e distribuída
variadamente entre muitos diversos órgãos e
colegiados que podem, inclusive, oporem-se entre si,
os quais hoje formam as bases da democracia
moderna, num arranjo de controles recíprocos entre
os diversos poderes, definindo-se como uma
policracia, ao invés de uma monocracia; resumindo:
uma república não é necessariamente democracia,
apenas revela-se como uma forma de governo não
autocrática que procura dentro de si as bases de uma
democracia latente que se oponha, formalmente ao
despotismo.

Assim, a república dos antigos era uma democracia
direta, e, censitária, ou seja, uma democracia elitista,
antimonárquica, concreta porque os cidadãos eram
livres de constrangimentos ideológicos à sua
liberdade política, na qual a propriedade da terra, que
formava a base da opressão/poder era marcada de
modo a determinar o acesso ao exercício da
cidadania, eram excluídos deste sistema político
social as mulheres (50%), os escravos (40% da
população), os estrangeiros e os proletários/excluídos
socialmente) então os cidadãos assim contados

seriam entre 5% a 20% de todos os indivíduos.

(Demo = distrito, cracia = governo; se reuniam pequenos grupos na ágora - a praça pública - onde os oradores tentavam inflamar os corações e disputar as opiniões, nem sempre lógicas, e quase sempre demagógicas, segundo Platão).

A Liberdade Na passagem para a era moderna há uma distinção de Benjamim Constant acerca do valor da liberdade entre a dos antigos e a liberdade dos modernos.

Nos antigos eram: a sociedade e a cidade os fundamentos, nos modernos temos: o indivíduo e o Estado como os fundamentos; no Estado moderno liberal, o indivíduo busca ficar cada vez mais livre do Estado por meio do que se chama de liberdades civis e políticas, nas quais o custo destas liberdades tem como o preço a diminuição da participação direta dos cidadãos na formação das leis no corpo político, assembleias legislativas, formando então o novo Estado liberal em troca do poder que tem de representar indiretamente a vontade popular, e por isso mesmo, para não tornar-se novamente despótico e autárquico por causa desta procuração passada pela sociedade civil para agir em seu nome é compelida, pela sociedade civil, a reduzir ao mínimo as suas prerrogativas de poder e garantir, minimamente, os direitos fundamentais de seus representados, com são os direitos de: liberdade de pensamentos, religião, de imprensa, de opinião, de reunião, de manifestação política e de ideologia, e até mesmo para se opor ao próprio governo, tese com a qual se alinham Tocqueville e John Stuart Mills, onde os representantes do povo devem ser eleitos pelo povo para fazerem as leis e para governarem em nome dele, substituindo desta forma, a ação direta de todos os indivíduos que formam a sociedade civil cujos membros, àqueles indivíduos a quem são reconhecidos os direitos políticos de votarem na escolha de seus dirigentes e representantes na assembleia representativa ou parlamento, poder serem também eleitos.

Então esta liberdade moderna de poder fazer ou de não ser obrigado a fazer algo senão em virtude da lei constitui a liberdade civil, que tanto é maior quanto menores são as restrições impostas pelo Estado aos indivíduos, consistindo esta liberdade de fazer aquilo que não esteja explicitamente proibido, na liberdade negativa frente ao poder coercitivo do Estado, em oposição à chamada liberdade positiva que destaca a liberdade política, que é, além de poder adquirir os direitos políticos que permitem a participação dos cidadãos nas eleições, tanto para manifestarem o seu pensamento ou opção através do voto, como também indo além desta simples manifestação de vontade podendo ser candidato à eleição tanto para ser representante do povo no parlamento ou na assembleia, quanto para dirigir o Estado através de um mandato executivo, desse modo, adquirindo, o cidadão, a capacidade jurídica para decidir, ele mesmo, em nome de todos, apenas legitimado com o consentimento da vontade da maioria, cuja soberania popular caracteriza o verdadeiro Estado liberal, aquele capaz de garantir não apenas este como todos os direitos minimamente fundamentais, e não apenas para uma facção da sociedade, mas, para todos, irrestritamente, que adquirem os direitos políticos de cidadãos reconhecido pelo Estado e nascido da vontade autônoma de cada cidadão, que assim formam, com o Estado e o seu sistema jurídico, o corpo político liberal.

As Formas de Democracia

Dentro da concepção de democracia é possível

discutir formas diversas; quando democracia é
analisada em sua essencialidade substantiva, em
lugar da comportamental, é possível associá-la às
ideologias e formas de governo que tinham, no
primeiro instante, conteúdo essencialmente
antiautocrático no sentido comportamental, desse
modo, essa compatibilidade é possível através da
consideração de determinados valores de orientação
democráticas, como por exemplo, os
comportamentos que optam pela solução pacífica ou
negociada de conflitos, sem violências de ordem
institucional, moral, ética, sob tolerância e dentro do
estado de direito, com revezamento no poder, com
regras e atitudes legitimadas pelos grupos que se
contrapõem na arena política em busca de
representatividade de todos os segmentos da
sociedade civil que adquiriram o direito de verem
representadas pelas assembleias parlamentares, que,
no geral, constituem assim as regras universais de
procedimentos democraticamente corretos, tais
como: legislativo eleito diretamente ou indiretamente
pelo povo, chefe de Estado ou colegiado executivo
eleito também pelo povo diretamente ou
indiretamente, para garantir um mínimo de condições
a que os cidadãos que adquiriram os direitos
políticos possam exercê-los sem constrangimentos

para poderem eleger e serem eleitos para qualquer cargo e em qualquer eleição sem distinção de raça, religião, censo e sexo, e, que cada voto tenha o mesmo valor, votando cada um livremente segundo o seu próprio juízo o mais livre possível tanto quanto os partidos políticos e que, realmente, exista alternativas reais e capacidade de alternância no poder com opções para os eleitores, sem bloqueios e pré-seleção de alternativas, que impliquem na restrição da escolha, e, que a maioria seja legitimamente reconhecida, sem maquinações que desvirtuem os resultados e a manifestação majoritária da vontade dos eleitores de modo que nenhuma manifestação de alguma minoria venha limitar, se sobrepor ou anular a manifestação da vontade da maioria.

Estas regras mínimas garantem uma democracia substancial, se cumpridas em sua totalidade, uma vez que o resultado delas é o exercício político do poder equanimemente representado e exercido de modo controlado pelos representados, na pessoa do seu representante legitimamente incorporado ao cargo de dirigente máximo do Estado, cuja sociedade política exerce suas prerrogativas executiva e legislativa de acordo com as expectativas daqueles a quem representam, e não apenas formalmente fazendo apenas o mínimo que os seus representantes tolerariam antes que o regime entrasse em confronto com os anseios democráticos da maioria, agindo assim, a sociedade política estaria no limite crítico entre a autarquia e a democracia: esta última, a democracia formal, que apenas preocupa-se com o sentido conotativo da democracia sem, no entanto, pretender estendê-la até os limites da soberania popular, que deveria representar como o seu legítimo procurador, em nome da ordem democrática.

Portanto, na democracia substantiva, subsistem os ideais de igualdade enquanto ideais de igualdade, enquanto que na formal sobressaem os meios de manter a ordem social de modo a fugir dos métodos autocráticos, independentemente de qualquer outra finalidade inerente à estes atos: portanto conclui-se que não existe democracia substancial que não seja também formal, porém a recíproca nem sempre é verdadeira.

Liberalismo e Socialdemocracia

A democracia também frequentou as preocupações de Karl Marx à despeito das suas principais obras serem predominantemente voltadas para os problemas estruturais da sociedade burguesa, quando fez menção à questão da representatividade na democracia burguesa, num momento histórico em que o direito ao voto ampliava-se para classes cada vez mais populares, na segunda fase liberalista, através do sufrágio universal, que veio impactar fortemente o efervescente movimento operário socialista, este fato não foi devidamente captado pela corrente mais ortodoxa que teve em Lênin o símbolo mais visível, por motivos históricos contingenciados pela revolução socialista na ex-URSS, em que ficou, pela primeira vez na história, conhecida uma revolução de classes com um objetivo e um projeto político democrático no sentido político substantivo, cuja etapa pioneira iniciada por Lênin previa, em primeiro plano, um esquema revolucionário centrado num partido único em que a cabeça de ponte seria o Estado soviético guiando, conduzindo e expandindo o socialismo para que na fase seguinte, a fase mundial, o Estado sucumbisse ao comunismo sem fronteiras, aí sim, a democracia substantiva.

O governo para condução desta revolução, proposto por Lênin, seria a principal fonte de polêmica entre os chamados revisionistas e ortodoxos do

comunismo, onde os revisionistas interpretam o
marxismo de transição em lugar do revolucionário
que recoloca a democracia como o centro da ação
histórica, resultado de sua visão sobre os fatos
sociais novos que surgiam na esteira do movimento
operário europeu inclusive sobre a questão da
direção política institucional dos rumos da revolução
soviética quando da discussão sobre o princípio da
ditadura do proletariado, que, antes uma proposta
política aberta ao debate, assume com Lênin uma
forma fechada de questão doutrinária sob controle do
partido único, nascendo aí o "modelo soviético" de -
"Estado operário" o leninismo, modelo que
contestado pelo seu afastamento formal da
democracia substantiva abriu o debate na seara
socialista para a disputa com a social democracia, a
qual não abriria mão do processo de condução
inerentemente democrático fulcrado no sufrágio
popular como regra para a transformação da
sociedade, onde a democracia proposta como valor
universal não transige com chicanas precárias que
pudessem atalhar o caminho da história em direção
ao socialismo, isto é: meio e o fim do processo
seriam necessariamente conduzidos
democraticamente tendo o sufrágio como método,
criando um vínculo único entre o socialismo e a

democracia: erro trágico de Lênin que conduziu os bolcheviques à derrotas crônicas do movimento operário internacional.

Considerando que a perspectiva histórica torna os fatos mais claros do que a visão contingenciada e necessária do momento revolucionário candente vivido por Lênin, que para conduzir o processo revolucionário inédito teve que resolver questões práticas sobre constituição institucional da superestrutura, num momento que o Ocidente se armava para guerras, as rivalidades étnicas e nacionalistas pareciam colocar distante no tempo o ideal socialista de democracia sem fronteiras, sugerindo uma opção imediata para a neutralização das reações contra revolucionárias.

Este abandono discutível da reflexão sobre os métodos revolucionários criou um paradoxo conhecido como "um passo à trás e dois para a frente", que confundiu os pensadores marxistas e criou um precedente onde a prática assumiu as rédeas, sem esperar pelo desenvolvimento dos debates teóricos sobre o tipo de ação adequado face ao dogmatismo extraído do legado marxista.

Os Valores Democráticos e Liberais

O resultado deste processo histórico é a convicção e a unanimidade existente hoje sobre o tipo e da orientação democrática para a condução dos encaminhamentos e equacionamento da forma de luta, do dever ser, para a construção de uma nova sociedade eminentemente democrática, afastando as alternativas antidemocráticas, os regimes de exceção e as formalidades instrumentais em uma visão democrática periférica e mediata, saindo da estreiteza desta visão para a discussão da preparação dos pressupostos políticos, econômicos e ideológicos que abririam o caminho que tornaria possível a consolidação substantiva da social democracia.

A discussão sobre a democracia como valor universal conduziu à uma divisão entre democracia real e a ideal, sendo a primeira condicional, adjetiva, sujeita à contingências históricas e à injunções de classe no sentido marxista, ou das elites de Robert Michells; a segunda, a democracia mesmo sem condicionantes, com uma universalidade que paira sobre todas as definições facciosas e reducionistas que tendem sempre a se confinar na superestrutura e submeter-se aos arcabouços teóricos dentro de determinados paradigmas avessos à totalidade social

e cultural intersubjetivas, as quais seriam falsamente
objetivas, posto que baseadas em pressupostos
aparentemente autônomas, os quais foram derrotados
historicamente pelo processo inelutável da ditadura
implacável dos fatos.

A percepção da coincidência dos procedimentos
entre a democracia liberal e a processualística da
social democracia tem mostrado que, embora com
objetivos intrinsecamente diferentes, as práticas de
ambos os lados dialeticamente opostos, não obstante
por motivos diferentes, preconizam o fim do Estado,
- para um deles, um estorvo regulamentatório
excessivamente infiltrado nas atividades econômicas;
para o outro, uma instância à serviço da burguesia
capitalista para a proteção da propriedade privada
através dos aparelhos privados de hegemonia, que
pressupõe uma superestrutura totalmente construída
para a opressão da classe proletária; outro ponto de
coincidência de fins foi o processo de ampliação da
soberania popular com a universalização do sufrágio
levando até a classe proletária todos os direitos civis
formais da democracia, abrindo, à esta classe, o
acesso democrático ao poder, ao saber, ao
parlamento, aos postos burocráticos da
superestrutura, ganhando cada vez mais os espaços

privativos classe política tradicional; autonomia aos sujeitos políticos coletivos, ampliação dos espaços aos movimentos de massa e a legitimação do consenso majoritário nascido da soberania popular, e garantido pela livre manifestação dessa vontade.

A diferença entre os sujeitos políticos coletivos de ambos os lados é que do lado liberal os sujeitos seriam atomizados em suas autonomias cuja harmonização e coordenação entre eles deveria se dar, automaticamente, pelo mecanismo místico da "mão invisível" de Adam Smith; do outro lado, deixa-se a concepção atomista que se transforma em pluralismo de organismos de massa através do processo hegemônico de integração intercoletiva, pela articulação das grandes assembleias eletivas, para assegurarem a participação das massas no Estado, ocupando cada vez mais posições hegemônicas na sociedade política, evitando cair na tentação da ação revolucionária, via de acesso falsamente atraente, mas que tem o trágico e certo histórico de desfecho desastrados, truncando o processo de base popular pela via superior de direção da transição pelo alto, que outra coisa que outra coisa que outra coisa não é senão a o acordo intraelites (cooptação dos quadros, dos procedimentos e projetos da oposição), a real antissocialização da política, seja da esquerda ou da direita.

Conclusões

A sociedade liberal atual já não responde politicamente aos problemas da sociedade civil com a mesma velocidade e a amplitudes necessárias às correções exigidas pela instabilidade imanente ao sistema capitalista, esta falta de responsividade é mais grave quanto mais grave se mostram as crises e as soluções liberais parecem completamente esgotadas, então, o estoque de soluções mágicas vai perdendo o encantamento, aprofundando nos indivíduos o sentimento de abandono e de desorientação, já perdidos os parâmetros mínimos em torno dos quais deveria ser buscado os equilíbrio, aumentando cada vez mais a perplexidade dos políticos, que ao final de cada crise vê surgir um novo ciclo diferente dos anteriores, desafiando cada vez mais a lógica liberal, confirmando a tese marxista que já vaticinava a tendência de autodestrutividade imanente ao sistema liberal capitalista; então, a sociedade, preconizava-se, será superada por outro tipo mais humano (expectativa sem resposta), com mais ênfase a uma política das massas, que prescinda dos aparelhos políticos privados de hegemonia (Antônio Gramsci), que seja fundamentada na democracia substantiva sem uma supremacia de qualquer instituto político que não as massas, cujo único instrumento não seja apenas o voto.

Estas massas estão ávidas por um tipo de contrato social que, ao invés de proteger as propriedades privadas, proteja a liberdade, a democracia, a vida, onde a economia esteja senão subordinada, ao menos, ao mesmo nível da política, numa sociedade menos individualista e autônoma mais solidária e interdependente, mais Kulla & Potlach, e menos mercado, uma sociedade que nunca existiu de fato, exceto nos sonhos de utópicos humanistas, pois parece cada vez menos confusa a ideia de que o advento da propriedade privada destruiu definitivamente as estruturas sociais primitivas e impediu que estruturas sociais maiores do que famílias fossem construídas de modo estável, não tendo as estruturas coletivas de solidariedade social tradicionais e primitivas encontrado ainda um substituto capaz de cimentar as relações comunitárias sem o recurso da tradição, do místico, do

transcendente, do demiurgo, do incognoscível, do
incognitivo ou do super orgânico, como nos ensinou
a dolorosa experiência socialista na Ásia e no Leste
Europeu, onde o apelo à solidariedade mecânica, à
unidade na diversidade, à cumplicidade dos
oprimidos não foi suficiente para coatar o cimento
social, o que se viu foram agentes autônomos inertes,
incapazes de ações conjuntas em prol do objetivos
comuns com uma estratégia que fosse de longo
alcance, algo que fosse além de seu horizonte,
limitado pelas perspectivas imediatistas de
sobrevivência, sem objetivos, num processo crônico
de reprodução do ciclo vicioso de miséria intelectual
e material, o qual cria um labirinto difícil de ser
rompido sem um choque traumático, então essas
massas inertes, não raro, são vítimas fáceis de
lideranças messiânicas, cujo manancial de
inventividade, perversamente criativo, se haure da
esperança destes desgarrados e rejeitados da
sociedade de massa.

Não que a competição não seja inerente à natureza
agonística nostálgica e atávica reflexa de nossos
antepassados remanescente no inconsciente coletivo,
ao contrário, a natureza humana pode ser atiçada ao

limite infinito, então a sociedade fundada nestes
parâmetros cria nas massas uma falsa expectativa de
que a linha de chegada para o sucesso está
franqueada a qualquer indivíduo que a faça por
merecer pelo seu próprio esforço para consegui-lo,
os políticos propõem duas principais variantes: a da
igualdade na linha de partida (políticas sociais
compensatórias) e a da igualdade na linha de
chegada (Políticas sociais estatizantes paternalistas);
o que se procura é uma política na qual nenhum
segmento possa ser excluído, que as diferenças sejam
compreendidas como algo inerente e inevitável,
porém administrável dentro dos padrões
democráticos, para que os agentes autônomos ao
invés de ficarem à mercê da "mão invisível" não
caiam na armadilha do dirigismo estatal, então a
racionalidade individual enquanto produza efeitos
destrutivos por conta do efeito grupo (Mancur
Olson), seja orientada para a ação comunitária
dirigida no sentido da racionalidade coletiva, através
do pacto coletivo entre os agentes autônomos,
assegurando que cada um cumpra a sua cota solidária
de sacrifício exigida para a manutenção da vida em
sociedade, evitando que a omissão ativa de algum
agente se transforme em lucro exclusivo em prejuízo
do restante do grupo: ou seja; a solidariedade

imposta pelo pacto social obriga a todos e não exclui ninguém.

Observações Finais

A falência dos agentes individuais autônomos foi decretada pela sua absoluta incapacidade de coordenarem ações construtivas ou antidestrutivas, quando entregues às forças do mercado, à sua própria sorte, entretanto, a alternativa do mercado esgotou-se no modelo liberal capitalista concentrador de mais valia e no seu equivalente socialista real centrado no Estado capitalista concentrador de mais valia e totalitário, que perdeu-se no emaranhado doutrinário quando optou pela via revolucionária de transformação da sociedade, aparelhando as suas instituições públicas e privadas, provando irrefutavelmente a impossibilidade de se constituir uma sociedade mais humana através de métodos desumanos, pois assim como não se faz a omelete sem se quebrarem os ovos, não se faz a omelete atirando os ovos contra a frigideira quente, ou seja, um tronco de árvore é mais racionalmente utilizado e melhor aproveitado se cortado com uma motosserra

nas mãos de um lenhador perito ao invés de
arremessar as lascas de madeira para todos os lados
furiosamente com um machado cego nas mãos de um
lenhador enfurecido.

Os problemas da sociedade precisam ser
manipulados com a acuidade de um especialista que
saiba bem o que faz, que conheça os efeitos
colaterais das alternativas propostas para os
equacionamentos, que tenha a flexibilidade e a
agilidade necessária para responder às mudanças da
sociedade e que acomode as suas decisões a um
projeto de longo alcance, sempre na perspectiva
democrática, publicizando o processo de tomada de
decisões para encurtar cada vez mais as distâncias
entre a decisão e a resposta do sistema social às
implementações esperadas das soluções.

Finalmente

O valor da democracia transcende aos sujeitos
individuais e vai além do coletivo de onde haure a
sua legitimidade. Aqui o valor resulta da

intersubjetividade e tem o sentido da socialidade,
universalidade, consciência e liberdade, portanto, o
valor não cai no âmbito interno da individualidade
do utilitarismo, ao contrário, distinguir o caráter da
generalidade do homem, algo que seja uma categoria
social cuja objetividade pressuponha relações sociais
que contribuam para o caráter universal que
extrapola a gênese inerentemente substantiva da
democracia como valor, fugindo ao nexo puramente
formal entre a origem e a expressão denotativa dela,
pois que este, como todos os conceitos e/ou dogmas
tendem a criar vida própria descolada do fator
etimológico gerador, completamente moldado pelas
circunstâncias e injunções ditadas pelas condições
materiais da história.

O progressismo, filho do conservadorismo, cindiu
com ele e caminhou paralelo até o século XIX, para
neste século ver falharem as tentativas das suas
vertentes socialistas, nacional socialistas e liberal de
concepção e criação de uma nova sociedade, para
concluir dessa experiência progressista que o poder é
o fator limitante do progresso político, deixando para
trás a controvérsia massa-indivíduo (Vilfredo
Pareto), surge uma nova visão de ação do poder,

numa perfeita parceria, sem cair no determinismo ingênuo do Laisse / faire / passer, com o sistema lutando para reduzir as desigualdades sem no entanto tentar extingui-las (Tocqueville e Guizot), então, superada esta fase de hesitação e de perplexidade, renasce a consciência do universalismo, do internacionalismo latente nas pessoas, que já estão redescobrindo que a terra é uma só, onde os sistemas ecológicos se interligam e que este intercâmbio não exclui nenhum aspecto, quer seja geográfico, étnico, religioso, político, cultural e o resultado as ocorrências de quaisquer destes fatores em toda parte, afetam de alguma forma os demais países, além disso fica cada vez mais difícil, para uma só pessoa, produzir de modo independente e autárquico o seu trabalho intelectual, artístico ou laboral sem a participação social cada vez mais especializada do concurso concomitante de outras pessoas, quer seja diretamente ou indiretamente, conscientemente ou não, cumulativamente, interativamente ou consequentemente, é, portanto, um caminho de difícil retorno em direção à consolidação do trabalho social durkeimeano; esta contingência social traz a necessidade de um tipo novo de cooperação negociada ao nível dos indivíduos, criando um altruísmo compulsório que exclui a necessidade

imediata de um mediador hegemônico ou de
qualquer outro tipo de mediação soberana que deixe
de consultar as prerrogativas dos atores passivos do
sistema, em outras palavras, fica cada vez mais
difícil uma alternativa que exclua a democracia.

Esta sim, um valor que sublima toda a história da
civilização humana, que jamais abriu mão da luta por
valores libertários e jamais aceitou passivamente
como definitiva qualquer forma de servidão ou de
escravidão, seja latente ou conspícua, o que amplia o
sentido da democracia, porque chegados a este
estágio atual da civilização, não há espaço para
retrocessos; o máximo que pode acontecer é que um
processo hesitante em torno destes ponto central,
para formalmente assumir-se a democracia, e então
iniciar-se uma nova etapa de compreensão da única
discussão possível; o que se pode fazer daqui pra
frente, que é discutir sobre o tipo de democracia que
queremos e como administra-la.

O Contrato Social Introdução

Apresentação do trabalho

Este texto não tem a pretensão de interpretar as obras de Thomas Hobbes, John Locke e Jean Jacke Rousseau, ao contrário, é um ensaio segundo uma óptica pessoal, costurado através de um viés que privilegia o arcabouço sistêmico; Construído com o auxílio de algumas figuras fictícias, apenas para argumentar, apenas para demonstrar as possibilidades infinitas que o arcabouço da Teoria Política Moderna oferece para a libação intelectual até mesmo as mais despretensiosas, como a deste incipiente discente, haurida de parte de suas obras: O Leviatã, Segundo Tratado sobre o Governo Civil, e Contrato Social. (Hobbes, Locke e Rousseau, respectivamente).

Diante das inúmeras possibilidades oferecidas por este manancial de ideias e concepções sobre o contrato social, tomei a iniciativa, um tanto arbitrária, de destacar de dentro destes arcabouços paradigmáticos clássicos, aquele que me pareceu mais interessante, consciente das dificuldades inerentes à esta ou qualquer outra opção e de suas consequências, portanto, é um trabalho menos conceitual do que ousado, apenas uma tentativa de ensaiar passos na TPM.

1ª. Parte –

A Obra de T. Hobbes

O seu famoso Leviatã consistiu num ensaio especulativo construído à posteriori sobre as origens de um certo tipo de sociedade civil em que as justificativas racionais de sustentação teórica-filosófica de uma certa forma de governo é reconstruída de trás para adiante, então esta teleologia forma um todo consistente com a premissa inicial em suas consequências, premissa que serviu de inspiração, ou melhor, que foi o fator gerador da tese que T. Hobbes queria justificar à luz de argumentos essencialmente racionais.

A pergunta que T. Hobbes tenta responder pode ser: como os homens construíram uma sociedade racional para fugir ao caos?

Para responde-la ele teve que construir e justificar, racionalmente, alguns pressupostos sobre o caos, e também sobre o modo pelo qual do caos surgiu a ordem social e política.

Ao caos Hobbes chamou de "Estado da natureza", com isto sugerindo que nada havia antes deste estado da natureza, ou seja, a ordem é a antinomia do caos, e uma vez instituída a ordem, um estado superior ao caos, o caos fica definitivamente banido por ser, a ordem, um estado superior a ele, e o caos, por ser um estado primitivo, primário do sistema cósmico, recebe o nome de natural, induzindo-nos a concluir que a ordem não é natural, nem espontânea, ela precisa ser construída a partir da razão, do intelecto, da vontade, da necessidade, da somatória de vontades idênticas dos indivíduos no momento em que eles chegam, racionalmente, a este mesmo

entendimento comum, num mesmo momento da vida
societária.

O Caos

Para o autor de Leviatã, o Estado da natureza
corresponde ao resultado da ação coletiva de todos
os indivíduos, que na busca da vantagem de cada um
de per si acabam trazendo desvantagens para todos,
não que este resultado seja o desejado, ao contrário,
o caos sucede-se da incapacidade do sistema em
impedir que a racionalidade individual de cada
indivíduo isolado produza uma racionalidade
coletiva. T. Hobbes explica assim o fenômeno: se um
indivíduo deseja o máximo para si próprio e nenhum
constrangimento existe que possa impedí-lo de
satisfazer a este desejo, é racional que ele aja no
sentido da satisfação deste desejo.

Se outros indivíduos tiverem esta mesma perspectiva
e agirem segundo este mesmo entendimento, então,
todos estarão agindo de acordo com a sua própria
razão.

O problema, então surge quando a satisfação de um,
ou de uns outros, somente pode ser saciada à custa
do débito da saciedade de outro ou de outros; quando
isto ocorre estes últimos podem sentirem-se lesados,
então, racionalmente reivindicam para si os mesmos
privilégios; diante da impossibilidade de serem
atendidos, pois isto só poderia acontecer à custa do
sacrifício do outro grupo, surge o confronto, ou a
guerra, pois a saciedade de um implicaria na
insatisfação do outro e vice-versa, causando danos a
um dos dois lados, anulando qualquer possibilidade
de solução que buscasse à saciedade de todos ao
mesmo tempo.

Este comportamento social de confronto é irracional
quando impede ambos os lados de conseguirem
realizar os seus intentos e, paradoxalmente, chega-se
a este estado irracional a partir das premissas
racionais de cada individualidade pretendida por
cada indivíduo de cada lado da disputa.

Esta racionalidade individual é o resultado do cálculo

individual de lucro efetuado por cada indivíduo no uso de suas próprias razões, sem que qualquer um deles considere qualquer sacrifício ou perda imposta à cada um por si só.

Para saírem deste impasse, T. Hobbes propõe uma alternativa: somente quando cada indivíduo aceitar um handcap, e, para que alguém não se beneficie unilateralmente de qualquer vantagem, uma vez efetivado um pacto desta perda pela maioria, esta perda seja imposta a todos os indivíduos, indistintamente.

Não é racional que um indivíduo imponha uma perda a si próprio na expectativa de que os outros indivíduos ajam espontaneamente da mesma maneira, portanto, para que o sucesso do processo seja assegurado é preciso que um personagem neutro neste jogo entre para garantir que o acordo pactuado entre todas as partes seja observado, e que este árbitro seja aceito pelas partes.

O resultado é que da irracionalidade individual

previamente acordada entre os pactuantes, nasce a racionalidade coletiva objetiva, justificando através da legitimação pelo procedimento a posteriori o juízo subjetivo positivo.

O Soberano T. Hobbes chama de soberano ao árbitro acordado entre os participantes, para garantir a solidariedade compulsória dos integrantes do acordo em que cada um perde um pouco para garantirem o ganho de todos.

Porque os participantes concorrem para o sucesso deste acordo mesmo à custa do sacrifício individual? T. Hobbes responde que: é para evitar o maior de todos males; a morte.

É, portanto, o medo da morte que faz com que todos renunciem ao seu próprio arbítrio e elejam um único árbitro que esteja acima de todos, e que não seja, ele mesmo, sujeito a qualquer juízo; o juízo do árbitro é sempre absoluto e perfeito, não lhe cabendo reparos nem contestação.

À arena deste jogo ou deste tribunal Hobbes chamou
de sociedade civil, e ao conjunto formado pelo
leviatã ou soberano, sociedade civil e às leis
emanadas do leviatã chamou de Corpo Político.

O soberano de Hobbes é resultado da obra humana,
de vontade humana e da razão humana, portanto,
pode ser racionalmente justificado sem a necessidade
de malabarismos exegéticos agostinianos, conquanto
prescinde da convicção transcendental ou de magia,
submete-se à análise metodológica materialista
metafísica, sugerindo um positivismo realista
redentor da figura política do chefe de Estado liberto
das injunções religiosas e da tradição para preservar
na figura política do soberano a legitimidade e a
representatividade da sociedade civil, garantida pelo
contrato social que limita e transfere esse mesmo
direito de um sobre todos, para a garantia de todos
através das prerrogativas especiais para o soberano.

O Corpo Político

A grande sacada de Hobbes foi ter, desde o início, constatado que os indivíduos, mesmo tendo chegado à sociedade, e convictos da necessidade de imporem-se restrições mútuas, precisariam assegurar isso através de expressão explícita através de um pacto firmado diante do soberano que se sobrepusesse a todos através de um contrato que garanta o cumprimento do acordo.

Karl Marx ao analisar as categorias revolucionárias teve que fazer a distinção entre as classes em si e classes para si; da necessidade da distinção resulta a constatação real de que algo mais deveria ser acrescido a um grupo social que fosse além da homogeneidade intrínseca, da coesão interna, da coalescência social, da coerência e da identidade de propósitos; era preciso que acima de tudo a classe passasse de "classe para si" para "classe em si" através de um pacto entre os seus membros que impusesse um handcap a todos sem exceção, e, para que todos tenham a garantia da observação do acordo surge o intelectual orgânico ou o intelectual tradicional para conduzir a classe no objetivo de alcançar o ganho geral, a partir do pressuposto inicial do sacrifício imposto equanimemente à cada membro, indistintamente.

A passagem da racionalidade individual para a racionalidade coletiva foi a grande revolução da civilização; é a única maneira de se ter uma sociedade em paz; mesmo no caso da sociedade tradicional que fornecia os fundamentos teológicos e mágicos (místicos) que forneciam a sustentação do arcabouço social e material, não prescindia da presença do árbitro neutro, ou do intelectual de Gramsci, ou do soberano, ou do guia cósmico transcendental, do incognoscível, enfim, de quem pudesse representar o guardião do acordo a que todos estavam submetidos, mesmo que a sanção variasse entre as opções mais drásticas às mais prosaicas, indo da sanção moral até a pena de morte; até mesmo as penas Transcendentes à própria vida, enfim, penas que mantivessem as suas eficácias no tempo e no espaço; de fato, à medida que se esgotavam as capacidades coatoras do soberano, um novo ciclo de guerra de todos contra todos se reiniciava, até que um arcabouço teleológico pudesse substituir os paradigmas teóricos ou filosóficos superados na etapa anterior.

Somente o corpo político consegue dar sustentação à sociedade civil, e a impede de retornar ao estado da natureza que é o caos anterior ao surgimento do contrato social; o contrato social é o paradigma de uma série de ações que se espelham no seu sucesso dentro da sociedade civil, que vai criando variações e recombinações à medida que os seus pressupostos vão provando o seu potencial, à despeito da incredulidade inicial causada aos indivíduos autônomos, onde o sacrifício do presente é trocado por expectativas para o futuro; assim como no estado de natureza não há nem bem nem mal porque tudo é permitido a todos, induz-se o raciocínio de que o todo garante a legitimidade das ações individuais sem distinguir licenciosidade de legitimidade, é o todo e no todo que reside o certo, fora do todo está o errado; o todo é a fonte de legitimação, portanto, no todo deve ser procurada a solução para o caos, justamente alterando o todo para que o todo seja racional superior ao racional individual; aí reside a justificativa para a máxima maquiavélica: "os fins justificam os meios", que em nossa análise particular "os fins" representam o contrato social, e "os meios" representam a irracionalidade individual (handcap)

auto imposta individualmente e sincronamente
estendida a todos na sociedade através do mecanismo
legitimado pelo contrato social sob controle do
soberano.

O Contrato Social

O contrato social de Hobbes foi o instrumento
utilizado para explicar, racionalmente, o processo da
passagem do homem de sua condição natural, no
estado de natureza humana, partindo do domínio
racional absoluto e autárquico individual para um
outro domínio, o da sociedade civil racional coletiva
através da libertação do indivíduo da prisão teológica
e da condição de cidadão aristotélico; assim,
separados destes domínios nenhuma outra condição
mística, religiosa, social ou tradicional sustenta a
nova condição humana na sociedade civil a não ser o
contrato social, que, segundo Hobbes, não foi
engendrado por alguma mente especialmente dotada,
ou predestinada que teria a missão sublime de
conduzir a humanidade para realizar o ideal de
civilização, ao contrário, o contrato social significa
que todos indivíduos decidiram renunciar em
conjunto às prerrogativas autocráticas e só assim o
contrato social tem garantida a sua própria
legitimidade; ele é liberal no sentido em que os
vazios da lei garantem a liberdade negativa ou seja, o
cidadão é livre no agir sob o silencio do soberano e
as decisões do soberano representam as decisões de

todos os indivíduos.

O contrato social é um processo teleológico
construído a posteriori , porém, foi fortemente
contingenciado pelo momento político em que se
buscava uma saída para um impasse religioso
filosófico para revolucionar o caos em que se
transformara a Inglaterra, sacudida por abalos nos
pilares filosóficos, que desestruturaram os
sustentáculos que organizavam socialmente e
materialmente a sociedade inglesa, a solução teria
que ser uma nova filosofia que respondesse à todas
as questões que foram derrotadas pela tirania dos
fatos, e que desse os elementos de sustentação
baseados em pressupostos que resistissem à análise e
síntese das exegeses filosóficas e ideológicas; então à
única alternativa que atendeu a estes pressupostos
Hobbes se agarrou e deu à razão um status máximo
para a interpretação e justificação do surgimento da
sociedade civil, a última forma de organização social
estável e possível para os indivíduos viverem em paz
uns com os outros, porque nascida do consentimento
geral e imposta a todos através do consenso
representado pelo contrato social, e irreversível daí
em diante.

As Críticas

As críticas ao hobesianismo foram levantadas em torno da eficácia da implementação de seu projeto que de ideal passou a real e fez mostrar, nessa passagem, a sua principal debilidade: a representatividade do indivíduo.

A representatividade nos atos do soberano é condição necessária para a legitimidade do contrato social; por causa disso a questão da representatividade foi colocada à prova e submetida à análise mediante os acontecimentos histórico dos que exigiam uma relativização e consequente flexibilização (contingência do materialismo histórico) do ato de vontade do soberano, de maneira que esta elasticidade resistisse ao pressuposto teórico do absolutismo hobesiano do soberano.

Como o soberano de Hobbes era perfeito no que tinha de racional, nenhum ato seu poderia, em tese, trazer o mal porque não existe mal algum nos atos do soberano ideal, no entanto, o soberano, no plano real, poderia, e de fato muitas vezes o fez, representar parcialmente a vontade geral, e até mesmo contrariá-la.

Então surge a questão: é possível a representação da vontade?

Em torno desta questão são construídos os argumentos anti hobesianos, e por extensão, a questão da própria representatividade em si, uma vez que fica difícil sustentar a tese da representatividade da vontade; à priori, a opção da democracia direta, não sendo mais viável na civilização moderna, transfere para a democracia representativa toda a discussão sobre a legitimidade do contrato social iniciada por T. Hobbes, que John Locke tentará desenvolver a partir dos pontos em que T. Hobbes não deixa clara uma alternativa viável.

2ª. Parte –

A Obra de J. Locke

O ponto de partida de seu "Segundo Tratado Sobre o Governo Civil" foi a discussão hobesiana sobre a natureza humana, traduzido para o português como "estado da natureza", este "Natural Condition of Mankind", segundo John Locke, não representa simplesmente o medo da morte, porém o medo da fome como a ameaça que pende sobre a cabeça de cada indivíduo no seu estado de natureza humana J. Locke sustenta que o caos do estado da natureza pode ressurgir mesmo sob o contrato social quando a principal ameaça que lhes deu o fundamento ressurge da ameaça de morte representada pelo soberano absoluto; J. Locke argumenta que o indivíduo assim ameaçado de morte, pelo soberano, pode reagir, e, segundo as premissas do contrato social hobesiano, ele encontra argumentos racionais para garantir este direito, e ao fazê-lo, voltar-se contra o seu soberano, destruindo o argumento da representatividade e trazendo esta discussão para outra esfera filosófica.

Para fugir deste impasse hobesiano, J. Locke altera
alguns dos pressupostos de Hobbes e conserva a
ideia do corpo político construído através do contrato
social.

A Ameaça

Uma vez que o pressuposto da ameaça de morte de
um indivíduo pelo seu soberano não esteja eliminada
do arcabouço teórico de Hobbes surge, para J. Locke,
um novo pressuposto baseado também num outro
tipo de ameaça de grande impacto social que não
inclui o confronto direto entre indivíduos.

Deste modo, a hostilidade que obrigava os
indivíduos ao permanente estado de guerra, que se
originara da própria natureza hostil do homem no seu
estado natural, o qual podia tudo a partir da
justificativa filosófica do uso pleno de suas próprias
razões, já que não poderia haver, neste estado, nem
bem nem mal, nem nada que o impedisse de

conseguir satisfazer os seus desejos, a não ser a reação violenta dos outro indivíduo, J. Locke procurou um outro motivo para esta guerra de todos contra todos, que não fosse simplesmente imanente à condição de natureza humana, era preciso ir mais além: a sobrevivência. J. Locke eliminou o caráter de hostilidade imanente e qualquer outra relação entre indivíduos que igualmente fosse imanentista.

Esta troca de referencial Lockeano foi qualitativa descendo do pressuposto intersubjetivo para um pressuposto fisiológico puramente materialista, tornando o homem primitivo de T. Hobbes essencialmente um indivíduo movido por interesses puramente biológicos.

Confrontando os dois pressupostos, o poder e a fome, Hobbes e Locke chegam ao contrato social por caminhos diferentes, usando aspectos que a princípio parecem excludentes, por referirem-se à duas categorias hierárquicas, onde em T. Hobbes a confusão parece resolvida.

Se tomarmos a óptica da separação temporal nos aspectos enfatizados por ambos, poderemos reestruturar o esquema fazendo a correção da proposta hobesiana com a informação lockeana.

Suponhamos que o poder seja o motivo vital da rivalidade que leve à guerra de todos contra todos, então teremos que admitir que o homem hobesiano já tem resolvido, a priori, o seu problema da saciedade de sua fome, pois só um indivíduo faminto pode adiar a luta pelo poder face à urgência da garantia da sobrevivência à morte pela fome, assim, o homem lockeano precede ao homem hobesiano. J. Locke então dá um salto com o seu homem e passa direto da luta contra a fome para a criação da sociedade civil através do contrato social, porque a sua intenção não era tornar Hobbes coerente, porém, chegar à construção de um soberano com limitações em seu poder discricionário, pois o homem lockeano só teme à fome, ele é intrinsecamente pacífico, e independente e indiferente à qualquer outro indivíduo.

A Propriedade

Saciada a fome, o homem lockeano abre espaço para a luta pelo poder, mas nem tudo está perfeito no mundo lockeano, pois para saciar a fome ele tem que disputar com os outros indivíduos os recursos escassos na natureza para garantir a sua colheita de alimentos, que leva à questão da posse da terra e da acumulação de reservas domésticas.

A posse da terra resulta de uma reserva de trabalho acumulado numa etapa anterior, porque somente o trabalho é capaz de gerar excedentes em riquezas e a propriedade é a forma de conservá-lo, dentro do arcabouço paradigmático lockeano.

Sobre a propriedade concentram-se as atenções e cuidados do homem lockeano para a garantia da única riqueza de que o ser humano dispõe em seu estado natural que é o seu trabalho, que é exercido muito além das necessidades imediatas de sobrevivência, é conservado e valorizado pelo direito à propriedade.

Porém a propriedade também tem limites: ela não tem portabilidade, nem liquidez imediata, e é limitada fisicamente; então a sociedade elabora uma espécie de contrato ainda no estado de natureza, e cria um pequeno conjunto de relações regulamentadas entre os indivíduos, entre elas destaca J. Locke, está a moeda.

A introdução da moeda serve para justificar a desvinculação do direito do proprietário do direito do trabalhador que, no início de sua exegese, J. Locke vincula-a ao indivíduo, fechando o círculo trabalho-propriedade em torno do indivíduo, ou seja: o trabalho produz um valor, a propriedade conserva-o, portanto o trabalho produtivo, aquele que produz valor, através da conversão de uma moeda, permite separar o proprietário do trabalhador.

Novamente vemos uma evolução qualitativa no arcabouço teórico da construção elegante de J. Locke, superando o direito individual de propriedade pelo utilitarismo econômico; ou seja: estavam fundadas, nesta fase, os parâmetros da economia política.

A propriedade assume, em J. Locke, valor e referencial para o Direito, porque a noção de propriedade é clara e isenta, não é intersubjetiva em qualquer relação, tudo então que deve ser feito para garantir a estabilidade e paz social é proteger a propriedade enquanto instituição social, que é assim a base de tudo que é justo, deste modo, a atividade econômica se libera, com o advento do Estado soberano, para, logo em seguida, dominar o Estado.

Estado da Natureza

O homem lockeano, no estado da natureza, é bom e pacífico, só é ameaçado eventualmente pela falta de um juízo acima dos juízos próprios de cada um no uso de suas prerrogativas naturais.

Aqui cabe a mesma argumentação que usei na primeira parte desta dissertação, para distinguir os

conceitos da racionalidade individual e da
racionalidade coletiva.

O corolário teórico daquela tese é mantido aqui, a
diferença é que J. Locke, ao contrário de T. Hobbes,
não cria um juízo absoluto para arbitrar com poderes
discricionários de fazer, julgar e executar as próprias
leis em nome dos seus representados que
outorgaram-lhe este direito para fugir a ameaça de
morte iminente. J. Locke resolve o impasse em que
Hobbes deixara a sua tese, impedindo que a solução
do conflito se transformasse num novo problema: a
separação e o controle dos poderes do soberano pelos
próprios indivíduos que constituam o contrato social,
separando os poderes do soberano, do próprio
soberano em: legislativo, executivo e externo.

As Críticas

Ainda persiste aqui, inconclusa, a questão da
representatividade; no esquema J. Locke, o colegiado
legislativo contém-se na criação e na revisão das leis,
reservando as ações e a complementação do ato da

aplicação das leis, ao poder executivo.

O executivo é uno, e lembra a monarquia; é
preservado como resquício da ligação da sociedade
civil com o primitivo estado de natureza,
aproximando o indivíduo autárquico, anterior à
existência do contrato social, porém, esta
representatividade monárquica do soberano ainda
guarda os mesmos conflitos da questão da
representatividade da vontade individual que não
pode ser representada por outrem que não o próprio
dono dela.

O grande progresso conseguido por Locke fora o
fornecimento de uma argumentação robustecida para
os economistas liberais, deixando, porém, o
problema da representatividade para os críticos do
liberalismo decifrarem-los.

3ª. Parte:

A Obra de Jean Jacques Rousseau

Com Rousseau retoma-se o paradigma intersubjetivo, cujo processo, em tese, serviu de arcabouço para Hobbes construir a sua teoria "ad hoc" sobre a origem da sociedade civil, Rousseau explora o conflito imanente ao processo de relação entre os indivíduos contingenciados à vida societária porque eles são independentes e ao mesmo tempo dependentes uns dos outros.

Segundo Rousseau, os indivíduos na sociedade não precisam do controle de um árbitro, apenas precisam de alguém que cuide para que todos tenham o direito de permanecerem independentes, no mais, eles mesmos cuidam do resto sozinhos, através do sistema de controles recíprocos entre os próprios indivíduos; este controle funciona perfeitamente bem, porque ao mesmo tempo em que os indivíduos são concorrentes entre si, eles tem consciência da dependência entre eles, que faz com que não façam mal uns aos outros, ao mesmo tempo em que não desejam o bem, uns aos outros. Rousseau começa a sua análise diante das circunstâncias histórias da França da segunda metade do séc. XVIII, diante do Velho Regime que caía e do novo que ainda não havia nascido, o que ele viu foi uma França tumultuada, depois de muitos séculos de estrutura social segmentada e bem definida, onde qualquer indivíduo sabia o seu lugar na sociedade desde o momento em que tomava consciência de sua própria existência, então a grande questão que cada indivíduo colocava para si era: quem sou eu?

Para responder a esta pergunta Rousseau utilizava-se de um conceito relacional e constrói com ele um argumento que forneceria a sustentação da sociedade materialmente e socialmente.

Ele apoia a sua construção na sua própria constatação empírica e generaliza as suas conclusões para todas as sociedades no tempo e no espaço, que é o princípio de que "todos os indivíduos se comparam", desta comparação, na sociedade, surgem avaliações subjetivas que cada um tem de si em relação ao outro indivíduo, e o desejo de que as suas qualidades sejam reconhecidas por outrem, na sociedade de Rousseau me parece que os referenciais de status perdidos com o fim da aristocracia e nobreza vão ser reconstruídas a partir de um novo esquema pelos burgueses, os grandes vencedores da Revolução Francesa, dentro dos parâmetros indeterminados à princípio, que aos poucos vão se fixando, definitivamente, para, baseados nela, organizar a sociedade hierarquicamente, o que trouxe como consequência deste processo impreciso de classificação a confusão que Rousseau chamou de "opinião" sobre um atributo que só o próprio indivíduo tem certeza plena.

O Contrato Social

O contrato social proposto por Rousseau transforma o indivíduo burguês num cidadão através do artifício da vontade geral que se haure da consciência dos indivíduos, que reuniram as suas forças numa só, após chegarem ao entendimento sobre a incapacidade de cada um deles sozinho de proteger, com as suas próprias forças, a sua propriedade, então juntos formam um só corpo indistinto em suas partes constituintes.

Esta propriedade a que se refere é um tipo de evolução do direito da desigualdade cristalizada na contradição humana que é imanente à capacidade de cada indivíduo de produzir valor através do trabalho.

Esta contingência natural cria no homem primitivo, bom e puro, uma discriminação originária de sua vivência societária, na qual ele é compelido a produzir na medida de sua capacidade, em sendo os indivíduos intrinsecamente diferenciados na sua capacidade de trabalho, a sua posse de valores materiais reflete esta desigualdade através de sua riqueza; Rousseau propõe reconstruir lhes a igualdade através de uma sociedade estável constituída sob o contrato social sob o critério constitutivo da vontade geral que compõe o corpo político uno e monolítico, baseado na força hegemônica dos pobres, que formam a maioria, face à riqueza dos ricos que contrapõem esta desvantagem numérica à riqueza.

Conclusões

Esta igualdade que Rousseau anuncia é a do direito
político redistribuído a cada cidadão por intermédio
do contrato social nascido da vontade geral, em
virtude da desigualdade entre as categorias de
indivíduos separados pelo critério da riqueza, onde a
vantagem de um grupo é compensada por uma
desvantagem fazendo com que a sociedade civil se
reconheça em torno da defesa dos valores
democráticos e da cidadania visando a preservação
do espaço individual numa sociedade plural onde
cada um dos membros se considera melhor do que os
demais, na suposição que a opinião que cada um tem
de si mesmo seja compartilhada pelos demais
membros; nessa sociedade os ricos temem e sentem-
se ameaçados nos seus direitos de propriedade pela
maioria pobre não-proprietária, então propõem um
pacto que em primeiro lugar proteja as propriedades
de todos, e para isto, a maioria não proprietária
também é chamada a participar da sociedade civil;
sendo a vontade da maioria a fonte de toda
soberania, a maioria impõe-se e submete todos à essa

vontade geral e faz isto, justamente, para garantir que
todos os indivíduos sejam livres à despeito de não
mais estarem no estado da natureza, quando ainda
não existiam a propriedade, o valor e a desigualdade.

Observações Finais

Não há necessidade de assegurarem-se as vantagens
para cada indivíduo pois isto cada um sente-se capaz
de fazê-lo sozinho e é daí que advém o perigo do
caos.

A função do soberano, no contrato social, também
não é assegurar tais vantagens à cada indivíduo, pois
assim fazendo-o apenas asseguraria um direito
discutível quando à sua legitimidade de origem
quanto ao processo que levou à aquisição da
propriedade; o que se pode concluir, então, é que o
caos deve ser evitado, e isto só me parece possível
quando a maioria decide que todos devem abrir mão
de suas expectativas de direito ao uso de suas
próprias razões autocráticas; o soberano deve então
fazer aquilo que todos sentem-se incapazes de fazê-

lo que é a coordenação do processo da auto limitação
a um direito imanente ao indivíduo que precede ao
contrato social, o qual só pode ser assegurado no
momento em que todos chegam a este entendimento,
e que por este motivo, não pode excluir ninguém,
então, diante da expectativa deste novo status
político, os cidadãos aceitam esta limitação em sua
autonomia, para possibilitar a criação de um novo
espaço na história da civilização: o Estado civil.

Através da criação do Estado a política adquiriu um
novo status na vida dos indivíduos outrora
autônomos, que embora tenha sido um processo
construído à posteriori, como quase tudo no mundo
do conhecimento humano, estas ilações filosóficas
pouco tem servido para o processo prescritivo nas
ciências políticas, nem por isso, entretanto, tem sido
evitado as tentativas de construções utópicas de
novas formas de Estado e de governos na esperança
da solução de antigas e novas demandas da
sociedade civil, recombinando e renovando o acervo
teórico que compõe todo o arcabouço do pensamento
político-filosófico, buscando a eficácia e a adaptação
às injunções inerentes à dinâmica da vida moderna
que não cessa de produzir novos conflitos, deixando-

nos na contingência de administrarmos estes
conflitos diante das limitações materiais e tendo que
compartilhar cada vez mais compulsoriamente os
recursos naturais num processo crescente de
transformação dos valores culturais e materiais, cuja
velocidade da transformação nem sempre torna essa
compreensão bem sucedida.

A Decadência da Democracia da Ágora em Atenas

A crise da democracia direta

A crise da cidade-estado de Atenas se resolveu com a
Guerra do Peloponeso, mas a crise da democracia
direta fora vencida pela fadiga trazida pela
contradição entre a participação política e a vida
econômica dos ilustres cidadãos que formavam as
elites dirigentes e participantes na ágora

A política do ócio ateniense

1 – É preciso separar a crise do Estado-cidade Atenas

que sucumbiu após a última batalha das Guerras do Peloponeso;

2 – Da crise da democracia direta na ágora que durou pouco mais de 60 anos com Clístenes.

Pensamentos platônicos Platão:

"O que mais vale não é viver, mas viver bem".

“A democracia... é uma constituição agradável, anárquica e variada, distribuidora de igualdade indiferentemente a iguais e a desiguais.”

Platão

Não devemos de forma alguma preocupar-nos com o que diz a maioria, mas apenas com a opinião dos que têm conhecimento do justo e do injusto, e com a própria verdade.

Platão

Tudo que ilude, encanta!

Platão

O sábio fala porque tem alguma coisa a dizer, o tolo

porque tem que dizer alguma coisa.

Platão

O fim da Democracia Direta Grega

Argumento contrário ao sucesso da democracia direta grega poderia simplesmente limitar-se à evidência de que este processo não subsiste na Grécia de hoje.

Em algum momento do passado histórico e político (360 a.C.) a democracia direta grega da era dos filósofos desapareceu da política.

Como relatou o próprio filósofo grego Platão a "Democracia é o pior dentre todos os regimes políticos, excetuando-se os demais sistemas".

Este paradoxo platônico expressa e resume a sua completa aversão a qualquer forma de democracia, a quem chamava de Demagogia.

Sabemos de alguns dos argumentos famosos que Platão utilizava contra a democracia grega: o primeiro refere-se ao hábito da retórica; o segundo refere-se ao perigo da crise da democracia resolver-se em uma Tirania, única capaz de retirar a democracia do impasse da ditadura das maiorias insanas quando essa é levada pelos equívocos do assembleísmo.

Contra o excesso da retórica criou-se a pena do ostracismo; contra os excessos do assembleísmo a democracia direta criou todo um aparato governamental burocrático composto por todos os tipos de especialistas em gestão pública que iam desde os legisladores, juristas, contadores, tributaristas, fiscais, gerentes e assim o staff do Estado criava as condições de governança, ficando a ágora apenas em sua função de parlamento ampliado para a reverberação das demandas coletivas populares.

No campo pragmático os filósofos como Aristóteles

e Platão criaram a escolástica para se opor à retórica uma vez que a defesa de propostas na ágora era conduzida de maneira simplesmente a marcar posição e ganhar a batalha da opinião pública da maioria, para isso nem sempre importava argumentação do tipo lógico, as escolas de oratória (fazedores de discursos) estavam sempre cheias de candidatos a engabeladores das massas, por que era mais eficaz na disputa política pela preferência no voto popular, desta forma os que se destacavam por influenciar as multidões eram punidos com o ostracismo.

Sabiam os gregos dos perigos dos discursos inflamados, eloquentes, mas vazios de lógica e objetividade.

Assim a democracia direta grega foi sendo sabotada e degenerou em discursos e disputas pelas propostas vazias de conteúdo e desconectadas das realidades de responsabilidade social, política, militar, econômica e racional.

(Desculpe o formato adotado aqui onde o texto abaixo foi totalmente transcrito ipsis litteris - sem adendos ou comentários.)

As discussões políticas em Atenas aconteciam na Acrópole, dentro de um tipo de Assembleia.

Para que todos os cidadãos pudessem discutir o melhor para cidade, era necessário o Ócio Democrático onde todo o trabalho manual ficava por conta dos escravos (prisioneiros de guerra e por dívida) e dos não cidadãos.

A base desta economia, no entanto, não era o comércio como à partida se poderia pensar.

A agricultura, de subsistência, era o centro da economia grega, assente na produção de cereais, azeitonas e uvas, encaminhadas para o comércio interno. Entre 507 a.C e 508 a.C, Clístenes realizou diversas reformas para implantar a democracia em Atenas.

As suas propostas incluíam: Direitos políticos para

os cidadãos, representados pelos homens maiores de 18 anos, filhos de pais atenienses, participação política direta no governo.

Clístenes também implantou o ostracismo, que consistia na suspensão dos direitos políticos dos cidadãos nocivos à democracia por um período de dez anos. - (os demagogos que se destacavam na oratória influenciando os assembleianos pela eloquência retórica, geralmente impactante porém vazia de argumentação sólida e lógica – destaque meu)

Inicialmente o sistema de governo adotado em Atenas foi a monarquia hereditária.

O rei, chamado de Bassileus, tinha seus poderes limitados pelos nobres reunidos no Areópago.

Aos poucos, os eurátridas foram suprimindo os poderes do rei com a instituição do Arconcado.

Dez arcontes eram escolhidos pelo Areópago e governavam por apenas um ano.

O Arconte Epônimo cuidava da administração, o Arconte Basileus tinha funções religiosas; o Arconte Polemarca tinha funções militares, enquanto os Temótetas encarregavam-se da aplicação da justiça.

Nessa época predominava em Atenas um regime oligárquico, pois só os eupátridas participavam do governo.

Em 621 a. C. Drácon redigiu um código para Atenas que conserva os privilégios do grupo social que estava no poder.

A cidade foi dividida em demos, um tipo de distrito que elegia seus representantes para a assembleia.

Esta, por sua vez, escolhia as pessoas que iriam integrar o conselho, responsável pelo governo da cidade.

Por volta de meio do séc. V a.C. são várias as cidades gregas que começam a rebelar-se contra o poder hegemónico de Atenas, entre elas Esparta — o agudizar destes conflitos conduz à Guerra do Peloponeso.

Em simultâneo os persas renovam as investidas sob a influência de Alcibíades. Em 411 a.C. instala-se um regime oligárquico em Atenas, o Conselho dos Quatrocentos, pouco depois deposto e substituído por um regime misto (oligárquico-democrático).

Em 410 a.C foi reposta a democracia que durou até à submissão da cidade a Esparta.

Seguiu-se uma fase de grandes desentendimentos que mergulharam a cidade em conflitos militares internos e externos dos quais Atenas saiu muito fragilizada.

A sua economia, poder naval e influência foram irremediavelmente afetados.

O grande enfraquecimento da cidade culminou em 338 a.C. com a invasão desta por Filipe da Macedónia. Em 146 a.C.

Atenas é tomada por Roma. No entanto, a democracia grega nunca dispensou o escravo – mercadoria, em número cada vez maior – dado que é o trabalho do escravo que propiciava ao cidadão o tempo livre para os serviços da pólis e para a vida intelectual.

Enquanto os trabalhadores livres estavam em maioria nas atividades de subsistência (na produção mercantil e no comércio), os escravos predominavam nas minas e serviços domésticos.

Assim, coexistiam o trabalho livre e o trabalho escravo.

Péricles não foi o único fundador da democracia. Na verdade, apenas modificou o sistema democrático existente, abrindo a anterior 'democracia limitada' de forma a que todos os cidadãos pudessem participar.

De facto, na democracia sob Clístenes eram os aristocratas que ainda ditavam leis — e, com Péricles, passam os cidadãos a governar.

A partir de 450 a. C., Péricles fez passar na Assembleia uma série de leis que foram estabelecendo um sistema democrático sem antecedentes.

Foram dados aos cidadãos o poder direto sobre a Assembleia e os tribunais populares.

As suas primeiras medidas internas vão incidir no

alargamento do campo de recrutamento das magistraturas, antes limitada às duas classes superiores.

 No entanto, Péricles percebe que a participação das classes inferiores seria meramente teórica se não houvesse pagamento para os que não tinham recursos.

Assim, abre o campo dos arconatos à terceira classe (pequena burguesia, artífices de poucos rendimentos), excluindo a quarta e última classe, a dos operários e serventes. Porém, nunca ofereceu recompensas pela participação na Assembleia do Povo, uma vez que sempre considerou que essa participação era dever cívico, mas criou indemnizações para os membros do Conselho dos Quinhentos, para os militares e para a participação dos cidadãos nas numerosas festas populares.

A estas reformas juntou-se o fim do direito de veto do Areópago, conselho constituído apenas pelos nobres que assim deixaram de ter a possibilidade de se opor à soberania popular.

A única restrição de representatividade dizia respeito
à Assembleia na qual apenas participavam cidadãos
de Atenas — não tendo representação as mulheres,
os escravos e os estrangeiros.

Os nobres organizavam-se em famílias extensas – os
genói – em que os membros eram unidos por laços
de parentesco consanguíneo e/ou religioso.

O "genos" era o núcleo humano em torno do qual se
estruturava o "oikos", unidade econômica que
compreendia terras, casas, ferramentas, armas e
gado, dos quais dependia a sobrevivência do grupo.

O trabalho no "oikos" – pastoreio, agricultura de
cereais, legumes e frutas, produção de óleo e vinho,
fiação e tecelagem – era realizado pelos membros do
"genos" e pelos escravos, obtidos através de
pilhagens e saques; tanto quanto possível, o "oikos"
procurava ser autossuficiente.

A principal ocupação dos nobres, chefes dos "oikos", era a guerra praticada contra os vizinhos ou inimigos externos.

As lutas se restringiam aos combates individuais entre os guerreiros, pesadamente armados.

O objetivo das guerras era essencialmente a aquisição de escravos e de metais que o "oikos" não produzia.

Além dos reis e dos nobres, existiam trabalhadores livres – demiurgos – ferreiros, carpinteiros, videntes e médicos, que prestavam serviços aos nobres e ocasionalmente participavam de suas assembleias, como ouvintes, sem direito a tomar decisões.

Abaixo dos demiurgos, havia os tetes, homens sem posses e sem especialização, que vagavam de um lado para outro em troca de algum alimento ou roupa.

Os tiranos benevolentes – legitimidade pelo
procedimento

O tirano ateniense Psístrato (560/527 a.C.) procurou
regulamentar definitivamente a questão agrária,
distribuindo aos camponeses as terras confiscadas
aos nobres; assim, o regime de pequena propriedade
impôs-se em toda a Ática.

Psístrato proporcionou emprego aos artesãos e aos
trabalhadores urbanos, através de um programa de
construção de obras públicas como templos, estradas,
fortificações e portos; forneceu também assistência
financcira direta aos camponeses, sob a forma de
empréstimos.

Em seu governo, Atenas transformou-se no maior
centro urbano do mundo helênico.

Com sua morte, em 527 a.C., o poder passou às mãos

de seu filho Hípias, que governou até 510 a.C., quando foi deposto por uma revolução.

Terminou, assim, a época da tirania, em Atenas. Na Grécia, as tiranias foram fases decisivas no processo de transição do poder oligárquico da nobreza para a cidade-estado clássica, do século V a.C..

Significaram o fim da dominação das póleis pelas famílias gentílicas, permitindo a evolução para a democracia. Entretanto, a democracia pressupunha a existência do escravo – mercadoria, em número cada vez maior, sendo Atenas a cidade onde a escravidão mais se expandiu.

Do ponto de vista do grego, a cidadania não podia existir sem a sujeição de outros. O trabalho escravo propiciava ao cidadão o tempo livre para os serviços da pólis e para a vida intelectual, favorecendo o florescimento da civilização.

Enquanto os trabalhadores livres eram mais

numerosos nas atividades de subsistência, na pequena produção mercantil e no comércio varejista, os escravos predominavam na produção em larga escala, no campo e na cidade, nas minas e nos serviços domésticos.

Assim, coexistiam o trabalho livre e o trabalho escravo. Havia também escravos alugados exercendo funções de porteiros, pedagogos, cozinheiros, amas, sendo que seus donos recebiam-lhes o salário; escravos que trabalhavam pagando a seus senhores quotas fixas ou parte dos ganhos; escravos do Estado, utilizados na pavimentação de ruas, na fabricação de moedas, como guardas, etc.

Por serem de origem muito diversificada, as revoltas de escravos foram muito raras. A alforria (liberdade) podia ser alcançada e o liberto era considerado da mesma categoria social que os metecos (estrangeiros residentes em Atenas).

Liberdade e escravidão estiveram estreitamente ligadas no mundo helênico.

Durante o governo de Péricles, que exerceu o cargo de principal estratego por 30 anos, Atenas atingiu o apogeu de sua vida política e cultural, tornando-se a cidade-estado mais proeminente da Grécia.

A prosperidade econômica de Atenas baseava-se nas contribuições cobradas aos membros da Liga de Delos e no trabalho escravo, utilizado em quantidade cada vez maior.

Os escravos eram empregados nos serviços públicos e domésticos, nas oficinas artesanais, no campo e na mineração, exercendo todas as atividades que o grego considerava degradante para o cidadão.

A participação direta dos cidadãos na Assembleia Popular era a chave da democracia ateniense: não existia representação, partidos políticos organizados nem funcionalismo burocrático.

No governo de Péricles, instituiu-se a remuneração
para todos os cargos e funções públicas, permitindo
que o cidadão pobre pudesse participar da política
sem perda de seus meios de manutenção; restringiu-
se o poder da Bulé e criou-se a "ação de ilegalidade",
isto é, o cidadão responsável por uma lei, que após
um ano de aplicação se mostrasse nociva à cidade,
era passível de punição, de multas.

Os cidadãos do sexo masculino maiores de 18 anos
podiam assistir aos discursos da Eclésia e neles
intervir, sempre que quisesse, assim como propor
emendas, votar questões sobre a guerra, a paz, a
regulamentação dos cultos, o recrutamento de tropas,
o financiamento de obras públicas, as negociações
diplomáticas, etc.

Diretamente da Assembleia Popular, os atenienses
debatiam e decidiam os destinos da pólis. Ócio
democrático Entre os gregos o trabalho era tido
como a expressão da miséria humana, portanto,

desprezado.

Para famosos pensadores como Aristóteles e Platão o trabalho estava ligado com o campo da necessidade, como, por exemplo, alimentar-se e cobrir-se.

Tratava-se de uma nítida separação entre o mundo do "labor", o mundo da "necessidade" e o mundo regido pela "razão".

Assim, a única atividade digna dos homens livres era o "ócio". Neste sentido, a noção de cidadania grega estava intimamente ligada com o trabalho, ou seja, somente as pessoas que não precisassem trabalhar, ou ocupar-se das atividades ligadas ao campo da necessidade, poderiam de fato se considerar cidadãos plenos e participar da politike, isto é, dos assuntos da pólis.

O problema é que para poder se dedicar a essa atividade os gregos necessitavam de outros indivíduos executando o trabalho braçal, e estes indivíduos na maioria das vezes eram escravos. Em comparação com os dias de hoje, podemos perceber na sociedade grega uma diferença fundamental em relação à noção de cidadania e democracia.

Os gregos inventaram o ideal de democracia, e o exerciam de forma plena, contudo, se podemos dizer que a democracia era plena, a cidadania não.

Poucos indivíduos dentro da sociedade grega tinham o "ócio" necessário para se tornarem cidadãos plenos e decidir democraticamente os assuntos das pólis gregas.

A sociedade grega era, portanto, extremamente escravista.

Democracia

À primeira vista, a Grécia parece formar uma unidade geográfica; um exame mais atento, contudo, mostra-nos que a natureza dividiu aquele conjunto num grande número de vales e planícies, separados uns dos outros por baías e cadeias de montanhas.

Neste país surgiram inúmeras pequenas comunidades, todas elas animadas de fervoroso patriotismo. Para elas, o Estado não era uma abstração somente compreensível com o auxílio de um mapa, e sim uma realidade palpável.

A cidade não era um produto da razão; era, isto sim, um povo, um conjunto de cidadãos, dotados de inabalável consciência social e de zelo pela tradição.

O ateniense, em especial, via na participação da vida pública o supremo bem a ser almejado por um homem.

A cidadania era o grande objetivo do ateniense, pois, além de lhe assegurar a participação afetiva na vida pública, lhe garantia os direitos subjetivos.

Já se disse que a maioria dos ideais políticos modernos - justiça, liberdade, governo constitucional - surgiu na antiga Grécia.

Foram os gregos os primeiros a lançar as sementes da ideia democrática, sementes que foram conservadas pelos filósofos da Idade Média e que frutificaram na modernidade.

Na Grécia, a democracia foi praticada na forma direta; era a chamada democracia clássica, na qual os membros de uma comunidade deliberam diretamente, sem intermediação de representantes. Isto era possível na prática porque a cidade era de reduzidas dimensões e a população diminuta.

Acentua Bonavides: "A democracia antiga era a democracia de uma cidade, de um povo que desconhecia a vida civil, que se voltava por inteiro à coisa pública, que deliberava com ardor sobre as questões do Estado, que fazia da sua assembleia um poder concentrado no exercício da plena soberania legislativa, executiva e judicial.

Cada cidade que se prezasse da prática do sistema democrático manteria com orgulho uma Ágora, uma praça, onde os cidadãos se congregassem todos para o exercício do poder político.

A Ágora, na cidade grega, fazia pois o papel do Parlamento nos tempos modernos". Para se ter presente o apego do antigo grego à sua cidade, basta lembrar que a pólis não era dotada de exército permanente; sua defesa dependia dos próprios cidadãos, que eram os únicos a possuir armas.

Tão logo se desobrigava de suas ocupações habituais, o ateniense se voltava para a atividade política.

Como os cidadãos eram freqüentemente chamados a participar das assembléias, aqueles que residiam fora da cidade não eram considerados cidadãos. Com efeito, apenas aqueles que integravam um demos (município), dirigido por um demarca, participavam da política. D

aí, a expressão democracia, que significa governo do demos. Por outro lado, o grande número de escravos existente em Atenas permitia que o tempo do cidadão dedicado à política fosse quase integral.

O cidadão, que não era opulento, vivendo com simplicidade e modéstia, considerava o ócio a mais pura atividade espiritual, voltada à contemplação e ao estudo dos temas filosóficos.

Empregava-se então a expressão nec ócio (daí, as expressões negócio e negociante) para designar atividades lucrativas, puramente materiais, por ele consideradas desprezíveis.

A civilização contemporânea, pragmática e materialista, perverteu o sentido original destes vocábulos de tal forma que seu valor foi invertido;

hoje, o negócio desfruta, quase sempre, de um prestígio muito maior do que o ócio, tido este como falta de vontade e entusiasmo para o trabalho, quando não vadiagem pura e simples ... Aristóteles (384-322 a.C.) costumava afirmar que todo e qualquer trabalho manual devia ser executado por escravos, de forma que os cidadãos pudessem dispor de seu tempo para as atividades políticas.

Assim, a pólis via seu elemento humano formado por três estamentos: inicialmente, os cidadãos (eupátridas), dotados de direito de participação na vida política, sendo tal direito transmitido de pai para filho.

O grego era considerado cidadão da pólis a que pertenciam seus pais.

O segundo estamento compreendia os metecos ou estrangeiros que não participavam da vida pública, embora fossem livres e sua exclusão da política não significasse discriminação social, mesmo porque na própria atualidade o estrangeiro não possui certos privilégios ao cidadão nato.

O terceiro e último estamento era formado pelos
escravos. Estes realizavam serviços manuais e eram
benignamente tratados, podendo alcançar sua
libertação em face de bons serviços prestados aos
seus proprietários.

Frise-se que o próprio Estado podia ter escravos, que
exerciam funções públicas menos significativas.

A metecos e escravos em Atenas correspondiam, em
Esparta, periecos e ilotas, respectivamente.

Ao eupátrida ateniense correspondia o esparciata ou
lacedemônio.

Em Esparta, cidade situada no alto do vale do
Eurotas, fertilíssima região da Grécia, a organização
política, fundada na monarquia, consagrava,
entretanto, a república aristocrática governada por
um conselho de 30 membros, auxiliado por dois reis.

O eforato era um órgão importantíssimo na política

espartana, tendo por missão proteger os interesses dos esparciatas (cidadãos), também denominados lacedemônios, nas relações com outros Estados, contra periecos e ilotas, estes últimos o estamento mais numeroso.

Em relação à filosofia política, duas figuras se destacam na Grécia antiga: Platão (427-347 a.C.) e Aristóteles (384-322 a.C.).

O verdadeiro nome de Platão era Aristócles.

Platão era o apelido, em razão de possuir espáduas muito largas (daí, o vocábulo omoplata).

Platão era discípulo de Sócrates (470-399 a.C.) e mestre de Aristóteles). Utilizando em suas obras o método do diálogo, Platão afirma que o mundo seria perfeito se os homens fossem modestos; bastaria a prática do anarquismo.

Os homens, contudo, não se contentam com a vida

simples, pois os domina a cobiça e o luxo. Logo eles se aborrecem com o que possuem e anseiam pelo que não conseguem alcançar.

Disso resulta um Estado invadir o território de outro, originando a guerra.

O incremento do comércio favorece o surgimento de fortunas impessoais, trazendo consigo novas divisões da sociedade em classes.

Ora, tais mutações sociais originam convulsões políticas; quando a riqueza do negociante ultrapassa a do proprietário de terras, a aristocracia cede lugar a uma oligarquia plutocrática de negociantes e banqueiros.

Então, a arte de governar é substituída pela politicalha, enfim, pela estratégia dos partidos na sua luta para alcançar, em proveito próprio, os benefícios públicos. Entretanto, diz Platão, todas as formas de governo tendem a fenecer em virtude da hipertrofia de seu princípio básico.

A aristocracia decai porque restringe, em demasia, o
círculo do poder; a oligarquia perde-se pela
imprudente ambição dos oligarcas, com vista ao
enriquecimento imediato, sendo a revolução
desfecho em ambos os casos.

Surge, então, a democracia, cujo princípio básico é a
igualdade de direitos: todos têm o direito de ocupar
cargos públicos e de exercer o poder.

Entretanto, a própria democracia vai hipertrofiar-se,
porque o populacho não está preparado para escolher
os melhores e os mais sábios para governar, pois ama
a lisonja e se limita a repetir o que ouve dos
dirigentes.

Ora, tal democracia só pode desembocar na tirania,
quando um homem que se proclama protetor do povo
empalma o poder.

Assim, na filosofia política platônica vamos
encontrar dois problemas fundamentais: descobrir

um meio eficaz de impedir que os inaptos e os aventureiros tomem o poder e selecionar os melhores para o governo da comunidade.

Democracia significa, então, igualdade de oportunidades para o exercício da política e seleção dos mais aptos para isto.

Os governantes não serão eleitos graças às artimanhas políticas daqueles que controlam as eleições, mas em virtude da própria aptidão.

Com efeito, ninguém poderá exercer cargos públicos sem prévia educação especializada, nem ocupará os postos mais elevados sem ter, antes disso, exercido com dignidade os inferiores.

A comunidade deve, assim, ser dirigida pelos seus melhores, dentro de uma aristocracia democrática.

Platão, aliás, concebia a verdadeira justiça como um princípio que impunha determinada estrutura às

partes de um todo, princípio este que determinaria
que cada um fizesse o que lhes correspondesse.

Em A República, a obra mais conhecida de Platão,
mas não a definitiva, o filósofo compara o Estado ao
ser humano, a um organismo, antecipando-se às
correntes organicistas contemporâneas.

Para ele, o Estado tem a mesma estrutura e
funcionamento do corpo humano. Assim, no dizer de
Platão, os homens são naturalmente desiguais.

Alguns representam o ouro e têm como virtude a
sabedoria, outros representam a prata e têm como
virtude a fortaleza; e um terceiro escalão representa o
ferro e o bronze, tendo como virtude a temperança.

Os homens de ouro seriam os filósofos,
predestinados a administrar a comunidade; os
homens de prata seriam os guerreiros zelando pela
defesa da sociedade; os homens de ferro e de bronze
seriam os artesãos, cuja finalidade seria a produção

de bens para a subsistência de todos.

Cada uma destas castas deve realizar estritamente a
tarefa que lhe é confiada e para a qual cada indivíduo
se acha naturalmente aparelhado.

Desta maneira, a harmonia e a unidade imperarão. É
preciso, por outro lado, evitar a discórdia entre as
castas sociais; portanto, na república platônica
haverá comunismo de bens e a família estará abolida,
pois tanto as relações familiares como as
patrimoniais são fontes de egoísmo e de desavenças.

Resumindo:

Platão descreve, em A República, um modelo ideal
de Estado, sem se vincular à realidade de seu tempo.

Descreve um rígido determinismo na evolução das
formas de governo, formas estas inevitáveis em
ciclos históricos periódicos:

a) aristocracia
b) - oligarquia

c) - democracia

d) - tirania.

Em outra obra, intitulada As Leis, mais maduro, Platão aponta duas formas de governo: monarquia (fundamento na autoridade) e democracia (fundamento na liberdade).

Deve haver, diz ele, uma forma de governo intermediário entre estas que assimile o que houver de bom em cada uma.

Vejamos, agora, o pensamento de Aristóteles, nascido em Estagira, cidade da Macedônia, sendo por isso denominado o Estagirita.

Foi, como vimos, discípulo de Platão, sendo o seu pensamento muito influenciado pelo mestre.

Professor de Alexandre Magno e casado com uma princesa, Aristóteles era, na verdade, adepto da aristocracia e sincero conservador.

Ele classifica as formas de governo conforme a qualidade e a quantidade dos que governam.

Assim, encontramos as seguintes formas:

Formas puras:

Formas impuras:

a) Monarquia ou basiléia

b) Tirania

c) Aristocracia

d) Oligarquia

e) Politéia

f) Demagogia

A monarquia, também denominada basiléia (basileu, em grego, significa rei), é o governo de um apenas, voltado para o bem comum; sua forma corrupta é a tirania, forma de governo arbitrária que surge como reação das massas contra a aristocracia.

Segundo Aristóteles, na verdade, não há uma forma pura de governo que seja superior às outras formas puras, pois tudo dependerá das características de cada Estado.

Entretanto, a monarquia será, via de regra, a menos
conveniente de tais formas, pois o poder e a virtude
dificilmente se aliam.

Quanto à aristocracia, seria essa a melhor forma de
governo, pois exerceriam o poder os mais
esclarecidos e os mais capazes, sendo sua forma
corrupta a oligarquia, correspondente ao nepotismo,
no qual uma minoria exerce o poder em benefício
próprio.

Ao apontar a tirania e a oligarquia como formas
corruptas de exercício do poder, Aristóteles já revela
a preocupação dos antigos gregos com a liberdade do
cidadão, conceito que o Oriente havia ignorado por
completo.

Por outro lado, a revolta contra a oligarquia, que
tanto poderá ser uma plutocracia (governo dos ricos)
como uma timocracia (governo dos militares),
chama-se politéia.

Esta forma, politeia, é, em tese, inferior à
aristocracia, pois se fundamenta numa presunção de
igualdade originada da falsa ideia de que todos,
sendo iguais sob certos aspectos, sê-lo-ão,
forçosamente, em outros.

Pelo simples fato de serem homens igualmente livres
perante a lei, reivindicam os adeptos da politéia uma
igualdade absoluta em tudo, sacrificando-se o critério
da aptidão ao do maior número.

Na verdade, como o povo é facilmente iludido e
vacilante em suas posições, o direito de sufrágio
somente deveria ser atribuído aos mais capazes.

A corrupção da politéia acarreta a demagogia, que é
o império do desgoverno das massas, levadas à
deriva pelos demagogos, que a utilizam a bel-prazer.

Não há, nas massas, vontade organizada, isto é,
vontade expressa por órgãos legítimos.

Importante a conclusão de Aristóteles: a forma ideal de governo seria, em tese, a mescla da aristocracia com a politéia.

O Estado deveria ser suficientemente democrático se todas as funções públicas fossem abertas a todos, e suficientemente aristocrático se o acesso a tais funções fosse vedado àqueles despreparados para a vida política.

Como acentua Cabral de Moncada, qualquer que tenha sido o valor atribuído pelo Estagirita às normas de governo, é certo que ele as tomou sempre como base, como arquétipos.

Na base da divisão tripartida de Aristóteles acha-se o critério, não da origem ou da legitimidade do poder, mas de como as coisas são e se apresentam, e não de como elas devem ser.

Quanto à legitimidade, esta pode ser encontrada em todas, levando-se em conta sua capacidade de realizar o bem comum.

Como se vê, não havia na antiga Grécia oposição entre indivíduo e Estado, indivíduo contra Estado e vice-versa; havia, sim, direitos individuais perante a coletividade, pois não era propriamente como indivíduo que o homem tinha tais direitos, e sim como membro de uma comunidade.

Quem nos dá uma visão realista da democracia grega é Fustel de Coulanges, no capítulo XVIII de sua obra, A Cidade Antiga.

Percebe-se, pela leitura do texto, que a participação do cidadão no processo político era muito mais um dever do que um direito.

O Estado intervinha em tudo, até mesmo no modo de trajar do homem ou da mulher, de forma que não é difícil chegar-se à desagradável conclusão que o ideal totalitário se amalgamava com a própria democracia grega, não sendo raras, diga-se de passagem, as tiradas organicistas de Platão e de Aristóteles, nas respectivas obras.

Não havia, então, a palavra aterradora totalitarismo, criada milênios depois, pelo fascismo. A ideologia totalitária ou organicista, contudo, já se fazia presente, como negar?

Revista Realizada por Suelen Anderson - Acadêmica de Ciências Jurídicas em 02 de março de 2007 Quem faz e quem deve fazer a política?

Na Antigüidade Platão, teórico da sociedade justa Platão (427-347 a.C.) Quem faz a Política?

Para Platão, como ele expôs detalhadamente no seu clássico sobre a política, denominado "A Republica"(Politéia), uma extraordinária exposição sobre o estado ideal, os regimes políticos existentes em qualquer época nada mais são senão expressões dos caracteres (ethos) humanos.

Assim, por exemplo, o gosto pela ordem, pela
hierarquia e tradição, sustenta a monarquia, enquanto
o desejo de pertencer a um grupo exclusivo e a
tendência de só a ele favorecer gera a oligarquia. Por
outro lado, a inclinação egoísta que alguns têm a
enriquecer e à amalhar tesouros é a base do regime
timocrático, enquanto o pulsar do sentimento de
fraternidade, igualdade e solidariedade, existente
entre os homens, inspira-lhes o viver numa
democracia.

Finalmente, o temperamento colérico, raivoso e
descontrolado de certas personalidades fortes, dá
sustento à tirania.

Logo, por detrás de tudo, de quem faz a política, nas
suas mais variadas formas (monárquica, oligárquica,
timocrática, democrática ou tirânica) é o Sentimento.

A relação entre os sentimentos e os regimes políticos

Sentimento / Regime Político

Gosto pela ordem, pela hierarquia e tradição

1 - Monarquia: Tendência de pertencer a um grupo e a ele favorecer

2 -Oligarquia: Egoísmo, exclusivismo, gosto pela riqueza

3 - Timocracia: Fraternidade, igualdade, solidariedade

4 - Democracia: Cólera, raiva, fúria, Tirania

Quem deve fazer a Política?

Exatamente por isso, pelo Sentimento (instável, volátil e inconstante) ser a base dos regimes políticos, é o que os levava a serem imperfeitos, geradores de turbulência e de guerras civis sem fim.

É necessário pois opor-se-lhes com um outro tipo regime, no qual o calor dos Sentimentos deveria ceder aos traçados regulares da Inteligência. Um

regime que procure a estabilidade perene, constituído
ou modelado exclusivamente pela Razão (logos).

Este novo sistema, por ele idealizado, seria
sustentado, segundo Platão, por dois pilares: a
Educação (paidéia) e a Justiça (dikê).

Educação (paidéia)

Por educação, ou melhor, por formação, entende-se a
capacidade não só de encontrar na alma de cada
cidadão quais suas reais capacidades, suas
qualificações, como despertá-las, aperfeiçoa-las e
conduzi-las ao bom caminho.

Segundo Platão, todo homem nasce com uma alma
(psique) divida em três partes:

a) o apetite,
b) a coragem e
c) a razão,

que, por sua vez, materializam-se nas virtudes da

temperança, valor e sabedoria.

Cabe ao educador (arconte-pedagogo) fazer desenvolver uma delas (que se sobrepões às demais) e orientar o indivíduo a ocupar o seu devido lugar na sociedade.

A justiça (dikê)

Por Justiça (dikê), Platão entendia ser a obrigação da sociedade em abrigar e encontrar uma função, a mais adequada possível, de acordo com as inclinações naturais de cada indivíduo, aperfeiçoadas pela educação.

Os que têm coragem (timós), por exemplo, devem ser utilizados como os guardiães ou guerreiros da sociedade, enquanto aqueles que são dominados predominantemente pelos seus apetites, devem ser os trabalhadores (demiorgói).

Por último, os dotados de razão e de inteligência devem assumir o governo da sociedade como arcontes.

A ideia de Justiça para Platão, e para a maioria dos pensadores gregos, não estava comprometida necessariamente com o princípio da equanimidade, isto é, da igualdade de todos perante a lei.

Uma sociedade justa, para eles, era apenas aquela proporcionava o lugar exato a cada um, de acordo com seus merecimentos.

Afinal, esta ideia de justiça estava condicionada pelo fato deles viverem num mundo onde a escravidão fazia parte do dia a dia.

O Rei-filósofo (Basileus philósophos) Marco Aurélio (121-180), imperador romano, exemplo único do rei-filósofo O governante máximo desta sociedade perfeita, assentada na Razão, imaginada por Platão no "A República" (Politéia) era o rei-filósofo porque, segundo ele, apenas eles, por serem os que mais próximos estão das ideias do Bem, do Belo e do Justo, têm condições de agirem como os "pastores da sociedade".

Pois, lembrava ele, o governo da Razão deve sempre predominar sobre o instável Reino dos Sentimentos.

Aristóteles (384-322 a.C.) Aristóteles, concebeu a cidadania seletiva

Quem faz a Política?

No detalhado mas inacabado estudo que Aristóteles fez sobre mais de 150 constituições existentes na sua época, concluiu que as sociedades se organizam em regimes políticos que podem ser classificados de acordo com o número daqueles que exercem o mando na política.

Quando, por exemplo, o poder encontra-se nas mãos de um só homem, o rei, que governa segundo a tradição e os costumes, teremos um regime monárquico.

Se o regime for dos melhores dos seus cidadãos (aristós), temos uma aristocracia e, se o regime é de todos (demos), trata-se de uma Politéia (de uma república).

Todos eles, entretanto, tendem inevitavelmente à perversão, à deturpação, provocando o surgimento de formas políticas bastardas, tais como a tirania, a oligarquia e a democracia.

A tirania, corrupção da monarquia, é o governo de um só homem que governa discricionariamente, segundo seu humor e capricho.

A oligarquia, deturpação da aristocracia, é o governo de um grupo que rege as coisas públicas atendendo apenas ao seu exclusivo interesse, e a democracia, decadência da Politéia, é o poder discricionário da multidão, que move uma perseguição aos ricos e a todos os que se lhe opõem.

Classificação dos regimes políticos segundo

Assegurada a infra-estrutura da Polis (a cidade-estado grega) sendo ela auto-suficiente em alimentos, ter artífices capazes de fabricar instrumentos e armas para se defender, além de um tesouro próprio para assegurar suas necessidades internas e para outras emergências, ela deve ter também "meios para decidir as questões que envolvam interesses e direitos recíprocos dos cidadãos", isto é, ter instituições políticas.

O cidadão (Politéen)

Quem deve ser o cidadão (Politéen) para Aristóteles? Não todos, mas somente os homens absolutamente justos.

Eles, esses poucos eleitos, não devem viver do trabalho trivial de artífices, muito menos do negócio (porque são atividades ignóbeis e incompatíveis com as qualidades morais de um cidadão virtuoso).

Tampouco podem eles serem agricultores, pois esses vivem lavrando a terra sem terem tempo para o ócio necessário ao seu aprimoramento.

Afinal, "o lazer é indispensável ao desenvolvimento das qualidade morais e à prática das atividades políticas" ["Política", livro 8, cap.VIII, 1329 a].

A cidadania seletiva de Aristóteles

Sócrates e seus discípulos, modelos dos cidadãos cultivados Desta forma, Aristóteles delimita a cidadania aos homens aquinhoados e aconselha a criação de instituições flexíveis que sejam capazes de articular os interesses da busca da felicidade por parte desses indivíduos abonados, com o bem-estar geral da coletividade.

O poder deve ser exercido alternadamente entre as classes militares e as deliberativas (ou dos conselheiros) que, ao envelhecerem no serviço da comunidade, devem integrar as classes sacerdotais.

Se Platão defendia um governo de filósofos, Aristóteles alargou um pouco mais a base da participação na direção política da cidade ideal, acolhendo no seu modelo um número bem mais amplo de gente.

Abriu-o às pessoas cultivadas da sociedade. Nenhum dos dois, como se vê, foi favorável à democracia, isto é, à extensão da cidadania à totalidade dos homens livres da sociedade daquela época.

Na Idade Média

Desde a queda do Império Romano do Ocidente em 476 durante as invasões bárbaras do século V, a Igreja Católica viu seu poder crescer no vácuo deixado pela autoridade romana.

No entanto, ela, a Igreja, força espiritual, moral, necessitava de proteção, do braço secular.

Este lhe foi oferecido pelos reis e chefes bárbaros que se converteram ao cristianismo.

Um deles, Carlos Magno (768-814), chegou a tentar restabelecer o poder Imperial no ano de 800, quando foi coroado em Roma, Imperador do Ocidente.

O Sacro Império Romano-Germano Seus sucessores continuaram utilizando-se do mesmo título até que Otão, o Grande, fundou, em 962, o Sacro Império Romano-Germânico, tutelando o Papado.

Por isso ele indicava ao seu gosto os integrantes do alto clero e influenciava decisivamente na escolha do papa.

A crença era de que havia uma nítida separação de poderes, cabendo ao Imperador o poder temporal, enquanto ao Papa, cabia o poder espiritual.

Interessa observar que nesta época dos princípios da Idade Média, desaparecem completamente da teoria política a concepção da cidadania como era concebida pelos gregos e romanos.

A política nos tempos medievais está circunscrita aos nobres, ao rei e aos sacerdotes, era uma arena exclusiva dos grandes.

1) Os Teocratas Quem faz a política?

Esta dependência do Poder Sacerdotal ao Poder Imperial, caiu no desagrado dos teólogos defensores da teocracia, particularmente a partir do século XI, quando a Igreja Católica lançou-se numa luta por reformas radicais, visando sua autonomia.

Para eles, o Imperador, segundo a prática otoniana, de certa forma, usurpava a autoridade Papal, ao escolher os bispos e outros altos funcionários eclesiásticos.

Cometiam, ao fazer esse intrometimento nas coisas da Igreja, o delito da simonia, o tráfico com as coisas sagradas da religião.

Quem deve fazer a Política?

Para os teocratas o poder cabia ao Papa Por
conseqüência daquela intromissão dos imperadores
nas coisas da Igreja, havia, segundo os teocratas,
uma usurpação da liderança política da Cristandade.

Como exclusivo representante que Cristo na Terra,
todos, especialmente o Imperador, deviam
obediência absoluta ao Papa.

Esta foi a posição que os teocratas ou os hierocratas
(os defensores do poder sacerdotal), assumiram no
tempo do Papa Gregório VII(1073-1085).

Esta posição deles desencadeou a célebre "Questão
das Investiduras", iniciada em 1073, quando o Papa e
o Imperador travaram uma longa luta ideológica, e
por vezes, militar, para ver quem deveria liderar a
Cristandade.

O Ditado Papal

Para os teocratas, o poder temporal deveria estar
submetido ao espiritual.

Para tanto, fizeram o papa anunciar o chamado Ditado Papal (Dictatus Pape), proclamando-se como o chefe exclusivo da Cristandade, sendo-lhe permitido inclusive "depor os imperadores" [artigo XII], sendo o único homem "a quem todos os príncipes beijam os pés" [artigo IX]. 2)

Os Estatocratas

Quem faz a Política?

A intromissão do Papado nos assuntos seculares, por sua vez, passou a ser inaceitável para os defensores do poder secular.

Estes teóricos, os estatocratas, argumentaram que o poder determinado por Jesus Cristo à Igreja era exclusivamente um poder espiritual.

Citavam na defesa do seu ponto de vista, o fato de que Jesus Cristo, frente a Pilatos, ter dito que o seu reino não era o reino deste mundo, mas sim de um outro mundo, o do Reino dos Céus.

Consequentemente o Papa devia restringir-se exclusivamente às questões espirituais, aos dramas morais e éticos dos cristãos.

Quem deve fazer a Política? Marcilio de Pádua, reitor da Universidade de Paris, e um dos principais teóricos do poder secular, lançou-se numa radical crítica à ambição da Igreja Cristã em querer ser também um poder temporal.

Na sua obra "Defensor da paz" (Defensor pacis), de 1324, apresentou a mais bem elaborada doutrina do poder estatal, que, segundo alguns, foi a fonte inspiradora de todas as concepções do estado secular que surgiram, bem mais tarde, nos tempos modernos.

O Legislador Humano A valentior pars, eram os nobres em geral Para Marcilio de Pádua, a fonte das instituições era o que ele denominou de o Legislador Humano, isto é, o corpo dos cidadãos livres que compõem um reino.

Este legislador humano é representado pelas figuras mais expressivas (valentior pars) da sociedade, que, por sua volta, delegam a direção do governo a um príncipe.

Este era um magistrado único, autoridade secular, que concentra em suas mãos a capacidade coercitiva e o exercício da autoridade.

Não aceita a teoria da dualidade de poderes (um

espiritual, e outro temporal), pois a vê nesta divisão um convite à dispersão, ao conflito de soberania, à guerra civil.

O poder é um só e deve estar enfeixado nas mãos do príncipe secular.

Democracia e retórica As decisões políticas eram tomadas individualmente pelos cidadãos de Atenas por meio do voto, como ainda hoje acontece em um regime democrático, apesar dos diferentes modelos de democracia.

Vale lembrar que os cidadãos atenienses, únicos que tinham direito ao voto, constituíam uma parcela minoritária da população.

Escravos (geralmente prisioneiros de guerra) estrangeiros e mulheres não tinham o direito de participar das decisões políticas.

Todavia, os cidadãos participavam diretamente nas assembleias e todos tinham o direito à palavra, que se tornou o instrumento, por excelência, do exercício da democracia.

Assim, técnicas de argumentação e uso do discurso a fim de persuadir ganharam importância, pois do domínio de tais formas do uso da palavra dependiam

a influência de um cidadão e a carreira política
daquele jovem aristocrata que a aspirava.

A retórica e a sofística surgiram desta necessidade.

Considerados detentores da sabedoria, os sofistas
eram professores de retórica que percorriam várias
cidades gregas para comercializar o conhecimento
sobre essa técnica, que agora era grande instrumento
de ascensão e de reconhecimento social devido à
importância que adquiriu nesse contexto político.

Era ele quem preparava o jovem para a vida política
e, cabe notar, de algum modo se beneficiava dessa
forma de fazer política e da concepção de educação
que o elegia sábio.

Essa figura de sábio e as concepções que dão a ela
lugar na vida política serão alvos de críticas e
sofrerão reformulações pelo nosso filósofo que vê
Atenas, derrotada por Esparta, enfraquecida e com
profundos problemas.

A decadência de Atenas, que se traduzia na crise que
se instalou após a guerra, levou Platão a ter uma
visão negativa da democracia como forma de
governo, pois o instrumento de que se valiam os
cidadãos para exercê-la estava os conduzindo a uma

crise de valores.

O uso da palavra tinha o objetivo de simplesmente fazer um jogo político, em que a forma e os propósitos para os quais ela era utilizada eram mais importantes do que os conteúdos e os significados que traziam.

A prova final dessa dissolução dos valores foi a condenação de Sócrates, que ganhou muitos inimigos por contestar os pretensos sábios das cidades.

Rever valores

A condenação do mestre fez que Platão afirmasse de vez a Filosofia como meio legítimo para pensar as questões da pólis.

Assim, a concepção da linguagem como mero instrumento de persuasão não escapou da crítica. Sem o discurso estar necessariamente comprometido com o que enunciava, na visão de Platão, termos tradicionais que traduziam valores como "justiça", "piedade", "verdade", etc. eram deteriorados - diga-se de passagem, valores fundamentais para reestruturar e revitalizar qualquer organização social e política.

A relativização que sofreu o significado das palavras a serviço de um individualismo exacerbado, uma vez que era manipulada de acordo com interesses individuais, será visto por Platão como consequência dessa concepção de uso da linguagem e será fortemente combatida por ele em suas obras.

Nesse sentido, recuperar ou revitalizar valores tão caros para os gregos não desincumbia aquele que participava da vida política de investigá-los e restaurá-los no aspecto linguístico.

Assim, a crítica às questões políticas, como a que acabamos de citar, teve desdobramentos epistemológicos.

Ao criticar os problemas da cidade e propor soluções para eles, Platão viu a necessidade de investigar em que, de verdade, consistem valores como "justiça" e "bem" e qual o melhor modo de conhecê-los.

Para ele, as questões políticas tinham de ser revistas e tratadas a partir das teorias que as embasavam e, não surpreendentemente, acreditava que era condição para um bom governante possuir a sabedoria que somente o exercício da reflexão filosófica poderia proporcionar.

Como nos mostra uma de suas obras mais conhecidas, A República, Platão, ao propor um modelo de cidade ideal, defende que o filósofo seja o governante, pois somente ele atende os requisitos que, no seu ponto de vista, um governante precisa satisfazer para fazer um bom governo.

Estaria apto para exercer o bom comando da pólis aquele que tivesse as disposições intelectuais, entre outras qualidades, treinadas na Filosofia, pois considerava ser esse o modo de se adquirir a autêntica sabedoria.

Na mocidade, o jovem Platão se recusou a participar de atividades políticas por já considerar importante primeiro encontrar os fundamentos teóricos para toda ação desse tipo.

Desde cedo, o filósofo reconheceu na Filosofia o modo por meio do qual a política poderia vir a se realizar de forma plena e consciente.

Durante o século V a.C., a Grécia se envolveu em guerras contra o expansionismo persa e, saindo vitoriosa, atingiu sua glória econômica e cultural (Grécia Clássica).

Em 477 a.C., Atenas reuniu as cidades gregas da Ásia Menor e as ilhas do Egeu em uma aliança marítima chamada Liga de Delos, transformando a cidade-estado na mais poderosa da Grécia.

Tal feito deu ao período o nome de "Século de Péricles", quando Atenas era, ao mesmo tempo, democrática e imperialista chegando a dominar 400 cidades-estados.

As rivalidades entre Atenas e Esparta (Liga de Delos contra Liga do Peloponeso) levou à Guerra do Peloponeso (431 a.C.) que, encerrada com a vitória de Esparta, em 404 a.C.), levou ao enfraquecimento da Grécia e a consequente invasão e domínio macedônio a partir de 338 a.C.). Durante o século V A.C., a Grécia se envolveu em guerras contra o expansionismo persa e, saindo vitoriosa, atingiu sua glória econômica e cultural (Grécia Clássica).

Em 477 A.C., Atenas reuniu as cidades gregas da Ásia Menor e as ilhas do Egeu em uma aliança marítima chamada Liga de Delos, transformando a cidade-estado na mais poderosa da Grécia.

Tal feito deu ao período o nome de "Século de Péricles", quando Atenas era, ao mesmo tempo, democrática e imperialista chegando a dominar 400 cidades-estados.

As rivalidades entre Atenas e Esparta (Liga de Delos contra Liga do Peloponeso) levou à Guerra do Peloponeso (431 a.C.) que, encerrada com a vitória de Esparta, em 404 a.C.), levou ao enfraquecimento da Grécia e a consequente invasão e domínio macedônio a partir de 338 a.C.).

Administração pública

Na democracia ateniense os oradores desempenhavam um papel importantíssimo, pois mesmo sem ter participação no governo tinham influência decisiva nos acontecimentos políticos. Alcibíades, Clêon e Demóstenes foram desses cidadãos comuns que tiveram sua participação na política como oradores.

A administração em geral era feita por autoridades de diversos escalões.

Estas eram em geral escolhidas por sorteio, a exceção dos cargos que exigiam algum conhecimento técnico ou experiência.

Os mandatos eram de um ano, e em geral eram formadas por juntas de 10 membros, um para cada uma das tribos.

Mesmo soando estranho, este sistema de sorteio e decisões colegiadas parece ter dado resultados satisfatórios, afinal os sorteios eram feitos entre candidatos voluntários e estes tinham de passar por exame de capacitação diante da bulé.

Além do que, eles eram também obrigados a prestar contas à bulé de todos os seus atos.

Os principais cargos eram os arcontes (com poder judiciário) e os estrategos.

Além deles havia os tesoureiros, cujos principais eram os dez tesoureiros de Atena (tamiai), depois os recebedores gerais (apodektai) também em número de 10, que recebiam e distribuíam aos outros magistrados as finanças públicas, de acordo com as necessidades.

Outros cargos eram os poletai que vendiam bens confiscados e arrecadavam rendimentos de arrendamentos; praktores que arrecadavam multas judiciais; logistái que examinavam as contas públicas e dos magistrados que deixavam os cargos, todos estes em número de 10.

O policiamento era coordenado pelos astynomoi, que se dividiam em cinco para a cidade e cinco para o porto do Pireu, e os reparos das ruas ficavam a cargo dos hodopoi. Havia também outras juntas, como juntas de inspetores de mercado, inspetores de pesos e medidas, etc.

Todos eles eram escolhidos por sorteio. Os helanotamiai, tesoureiros dos tributos federais, assim como outros funcionários técnicos (superintendente do abastecimento de águas, comissários de obras públicas, etc) eram escolhidos por eleição.

O policiamento da cidade ficava por conta de trezentos arqueiros citas, que eram escravos públicos.

Os carcereiros e guardas incumbidos de prender malfeitores eram também escravos públicos, e se subordinavam a uma junta conhecida como Os Onze.

Diversas outras funções administrativas e burocráticas eram exercidas por escravos públicos, inclusive funções importantes como a guarda dos arquivos públicos.

Holofernes

População

Estima-se, baseado no número de hoplitas, que a

população em Atenas no início da Guerra do Peloponeso fosse de cerca de 40.000 cidadãos, que com suas famílias compunham cerca de 140.000 pessoas.

Além destes, cerca de 70.000 metecos viviam na cidade, exercendo todo tipo de atividade.

O número de escravos é ainda mais difícil de estimar, mas fala-se2 em cerca de 150 000 a 400,000.

O recenseamento efetuado por Demétrio de Falero no final do século IV a.C. revelou os números de 21.000 cidadãos, 10.000 metecos e 400.000 escravos.

Apesar de declarada por trinta anos, a paz com Esparta durou apenas quinze.

Em 431 A.C. a Guerra do Peloponeso começa entre Atenas e Esparta, e Atenas entra também em guerra contra Corinto na disputa por rotas comerciais.

O evento culminante desta guerra - a malfadada expedição ateniense à Sicília - deflagrou a revolta de vários aliados-súditos de Atenas, reprimida com algum sucesso. Ao final da guerra, também os persas se aliaram contra Atenas graças às intrigas de Alcibíades então exilado.

Com todos esses reveses, a própria cidade acabou
por se insurgir, e em 411 A.C. um governo
oligárquico conhecido como "O Conselho dos
Quatrocentos" foi instaurado, complementado
nominalmente pela "Assembleia dos Cinco Mil" que
nunca foi convocada.

Apesar disso a frota de Alcibíades, então chamado de
volta, continuou defendendo os ideais democráticos
de Atenas.

Com a revolta da Eubeia os Quatrocentos acabaram
por ser depostos.

Terâmenes foi um dos nomes mais importantes tanto
no período oligárquico, quanto na sua deposição, e
um governo misto de oligarquia e democracia
idealizado por ele e baseado na "Assembleia dos
Cinco Mil" entrou então em vigor.

Esta forma de governo, elogiada por Tucídides e
Aristóteles foi finalmente posta de lado em prol do
retorno a democracia no ano de 410 a.C. depois da
vitória naval em Cízicos.

A democracia durou até a rendição de Atenas em 404
A.C. quando a oligarquia foi restaurada, subordinada
ao comando espartano.

Atenas estava empobrecida e com seu império mutilado depois da guerra, e ficou a mercê do espartano Lisandros.

A nova oligarquia liderada por Crítias formou um governo conhecido como "Os Trinta" que deveria governar e elaborar uma nova constituição.

Foi composto um conselho de adeptos da oligarquia, os Quinhentos, que impôs um reinado de terror sobre Atenas.

Mas as divergências entre os oligarcas levaram a uma guerra civil com os democratas, liderados por Trasíbulos.

Com a intervenção de Pausânias, rei de Esparta, a guerra civil terminou com a vitória da democracia em 403 a.C.. Em 395 a.C. Atenas junto com Tebas, Argos e Corinto tentam se rebelar contra a supremacia espartana mas a tentativa fracassou e resultou na paz de Antralcidas em 387 a.C. ditada pelo rei da Pérsia que recuperou então as cidades da Ásia Menor e o domínio do Mar Egeu.

Os principais nomes do pensamento ateniense nessa época foram Sócrates, Platão, Tucídides e Aristófanes Tucídides, um admirador de Péricles, afirmou que Atenas era "nominalmente uma democracia, porém de fato era governada por seu primeiro cidadão".99

Com este comentário, o historiador ilustra o que ele entende como o carisma de Péricles para liderar, convencer e, por vezes, manipular.

Embora o autor mencione as multas sofridas por Péricles, ele não menciona as acusações feitas contra ele, preferindo focar-se na sua integridade.

Por outro lado, Platão, num de seus diálogos, rejeita a glorificação de Péricles, afirmando: "pelo que ouço dizer, Péricles deixou os atenienses preguiçosos, fofoqueiros e e ávidos por dinheiro, por ter sido quem instituiu o estipêndio popular."

Plutarco menciona outra crítica à liderança de Péricles: "dizem muitos outros ter sido ele quem em primeiro lugar fomentou o costume de repartir pelo povo as terras conquistadas na guerra e de distribuir dinheiros públicos para ir ver os jogos, fixando-lhe salários para todas as coisas, sendo esse um mau costume, porque a plebe que antes passava com pouco, ganhando a vida com o trabalho do seu corpo, tornou-se supérflua, suntuosa e dissoluta, em vez de frugal e autossuficiente."

Na política, Victor L. Ehrenberg argumentou que um elemento básico do legado de Péricles é o imperialismo ateniense, que garantia a liberdade e a democracia real apenas às pessoas do Estado soberano.

A promoção de um imperialismo tão arrogante teria eventualmente sido responsável pela ruína de Atenas.

Péricles e suas políticas "expansionistas" estiveram no ccrne dos argumentos pela promoção da democracia em países oprimidos.

Platão, Vida e Obra, São Paulo: Nova Cultural, 1999.

As deficiências do regime democrático ateniense tornaram-se patentes para alguns pensadores, que se empenharam em corrigi-las.

Se a liberdade proporcionada aos cidadãos era um patrimônio caro a ser preservado, a estabilidade política exemplificada por outros países, com o

Egito, parecia invejável.

Sem falar que, dentro da própria Grécia o militarismo de Esparta sugeria uma solução política baseada no sacrifício das liberdades individuais em nome da disciplina e da ordem social.

Para que nenhum magistrado se acostumasse ao poder e nele quisesse se perpetuar, as funções públicas duravam apenas um ano. Além disso, (sic) adotou-se a tiragem de sorte para a escolha dos ocupantes daquelas funções, com exceção dos comandos militares, dos ocupantes de cargos financeiros e dos que exerciam comissões técnicas que exigissem competência especial.

Com o processo de tiragem de sorte – que parece estranho e irracional à mentalidade afeita à administração pública moderna -= a democracia grega procurava defender-se firmando o poder nas mãos da Assembleia dos Cidadãos.

Tais escrúpulos, porém, vinham tornar ainda mais instáveis e flutuantes as decisões políticas.

O comparecimento à Assembleia era frequentemente escasso, já que, em condições normais, muitos cidadãos preferiam ocupar-se de seus negócios particulares; os que compareciam aos debates estavam sujeitos às influências dos oradores mais hábeis, que faziam oscilar as decisões; finalmente, a curta duração das funções públicas aumentava mais ainda a dificuldade de se desenvolver uma linha política estável, contínua e duradoura.

(o grifo é meu)

Bibliografia http://www.sobrehistoria.org/a-politica-em-atenas-e-a-instituicao-da-democracia/ http://www.suapesquisa.com/religiaosociais/democracia.htm http://pt.wikipedia.org/wiki/Democracia_ateniense http://www.brasilescola.com/historiag/democracia-ateniense.htm http://noticiasnumclick.xpg.uol.com.br/atenas-na-grecia-antiga-democracia-politica-economia-guerra-resumo http://imagohistoria.blogspot.com.br/2010/08/o-trabalho-em-diferentes-sociedades-o.html http://oficiodahistoria.blogspot.com.br/2008/11/atenas-democracia